AF174768

DESCRIPCIÓN BREVE

El camino de la vida no se hace, vamos siendo moldeados por el camino hasta llegar a nosotros mismos

Pablo Sampelayo

El autor es licenciado en Ciencias Económicas y Empresariales con especialización en Marketing y Mercados Financieros. Trabajó durante 35 años en el sector financiero dentro de la actividad de Mercados de Capitales. Aficionado a las ciencias físicas, filosofía, religión y espiritualidad, participa habitualmente en cursos y seminarios relacionados con dichas temáticas. Deportista habitual, aficionado al *running*, el esquí y el motociclismo. *Buen Camino* es una experiencia cercana a Dios a través del Camino de Santiago y de cómo aplicar a la vida diaria las enseñanzas aprendidas.

BUEN CAMINO

CAMINO DE VIDA

PABLO SAMPELAYO

Buen Camino
Camino de Vida

Buen camino. Camino de vida
Primera Edición, abril de 2025

© Libros Mablaz, Madrid, 2025
www.librosmablaz.com

© Pablo Sampelayo

blogs:
Editorial Libros Mablaz
**http://editoriallibrosmablazycienciaficcion.blogspot.co
m.es/**
Ciencia ficción y fantasía en Libros Mablaz:
http://mablazlibros.blogspot.com.es/
Introducción a las obras de Libros Mablaz:
http://librosmablazextractos.blogspot.com.es/
Libros Mablaz en Facebook:
https://www.facebook.com/groups/530547690292189/
Tu Librería en Casa:
https://www.facebook.com/TuLibreriaEnCasa
Librería Crisis–Neogénesis:
**http://www.todocoleccion.net/neog%C3%A9nesis_vende
dorTC**

Diseño de cubiertas: Mari Carmen López

ISBN: 979-13-990036-6-6
Depósito Legal: M-8468-2025

LIBROS MABLAZ - 395

BUEN CAMINO

Despertar caminando por la vida

PABLO SAMPELAYO

Para todos los peregrinos que alguna vez han transitado por el Camino de Santiago y para los hospitaleros que dirigen los albergues para el buen refugio y descanso durante el Camino

PREFACIO

Buen camino es una experiencia cercana a Dios a través del Camino de Santiago y cómo aplicar en la vida diaria las enseñanzas aprendidas en dicha experiencia.

El libro es en parte autobiográfico novelado y en parte un ensayo sobre crecimiento personal. Siempre pensé que me gustaría escribir un libro en esta vida, en parte por cumplir con un antiguo y sabio dicho que sentencia «todo hombre antes de morir debería al menos tener un hijo, plantar un árbol y escribir un libro».

Siempre me ha parecido una declaración de supervivencia, cuando la vida termina solo quedan nuestra descendencia de forma natural, un árbol, por cuanto los periodos de vida de las plantas a menudo son más largas de las del hombre, y un libro, que puede perdurar durante tanto tiempo como exista vida inteligente que lo lea.

Con esta perspectiva, y aprovechando una situación personal que me dejaba más tiempo libre, comencé a pensar en escribir. Soy asiduo lector, sobre todo de ensayo, y a veces también novelas que transmitan un mensaje de vida, una enseñanza personal o espiritual.

El tiempo va pasando, ya voy cumpliendo años, y considero que dedicar demasiado tiempo de mi vida a leer novelas interminables de misterio, comedias, terror... que no aportan más que entretenimiento para la mente no resulta mi opción preferida. Prefiero dedicar mi tiempo de lectura a aquellos libros llenos de sabiduría que, aunque no resulten tan entretenidos para la mente, me llenan de sabiduría con la que vivir una vida en paz y armonía.

No tenía claro en un principio sobre qué escribir, y comencé escribiendo un libro sobre la necesidad de humanización de los mercados financieros. Yo venía de una profesión relacionada con el mundo de las finanzas y después de más de treinta años ejerciendo y, tras mi retiro, pude ver con cierta perspectiva que el mundo financiero que envuelve y domina el mundo, está dirigido por la ambición y el poder más que por la humildad y el amor, lecciones que deberían dirigir el mundo.

La idea parecía buena, pero al comenzar a escribirlo, me di cuenta que para comprender bien el mensaje que quería transmitir había que explicar algunos conceptos básicos sobre el mundo financiero, que no siempre es fácil de entender por la gente común. Y tampoco quería que el libro se convirtiera en un manual sobre finanzas, así que me quedé un poco atascado en este punto, aunque no descarto retomarlo y completarlo algún día.

Así me quedé un poco parado con el libro, más allá de seguir leyendo y tomando notas e ideas para una futura segunda obra, hasta que llegara el momento de su creación. Y como muchos acontecimientos o acciones que emprendemos en la vida, fue por casualidad que me surgió la oportunidad a través de un amigo de acompañarle durante unos días como peregrino en un tramo de la ruta del norte del Camino de Santiago.

Inicialmente no pensé en hacerlo más de dos o tres días, pero al final recorrimos casi 160 km en cerca de 10 días. Tampoco tenía la idea de escribir ningún libro ni manual sobre el Camino, pero al cabo de unos meses de pasar dicha experiencia, un día me senté delante del ordenador y, casi sin darme cuenta y sin pensar demasiado, me puse a escribir mi experiencia más personal en el camino y con ello nació el presente libro.

Espero que el mismo resulte de tu interés y no te aburra demasiado. He procurado que sea breve, yo tampoco soy muy hablador, ni gran escritor de largos relatos. Solo pretendo que mi experiencia en el Camino de Santiago, así como las reflexiones y enseñanzas de vida que recordé del mismo, te puedan ayudar a ti, hermano, a encontrar tu camino hacia Dios, pleno de paz y felicidad, que nos hará vivir mejor.

UNA LLAMADA

«La vida siempre está llamándonos. Todo nos invita a
volver a esto. Todo dice: «escucha y mira, porque lo que estás escu-
chando es Dios y lo que estás viendo no es sino una expresión de
lo divino».

Jeff Foster

Estaba en casa, tranquilamente sentado en mi sofá preferido, con vistas a los libros en los que habitualmente me encuentro paseando, en un eterno viaje interior mental que no tiene fin. En ese momento sonó el
teléfono

—Sí, ¿dígame?

—Hombre, Pedro, qué alegría oírte, cuánto
tiempo sin saber de ti, ¿qué tal te va todo?, ¿qué te cuentas?

—Pues todo bien por casa, gracias a Dios, la mujer y los hijos bien, como ya sabes nosotros jubilados,
como tú y los chicos trabajando, cada uno en lo suyo.
El otro día, hablando con Carmen, comentamos sobre
la experiencia tan profunda que tuvimos cuando hicimos el Camino de Santiago. Como sabes hicimos el
Camino Francés, que va desde Roncesvalles hasta San-

tiago de Compostela, son más de 800 km y tardamos cuatro semanas. Fue duro, pero una experiencia personal y espiritual, que toda persona debería probar al menos una vez en la vida. Me queda solo por hacer el Camino del Norte, ya he completado el resto, el Primitivo, el Inglés, los dos de Portugal…, y sabiendo que tú sueles estar por Comillas y que el Camino pasa por allí, pensé en hacerte una visita este verano.

—Qué ilusión tan grande me haría verte por la tierruca –como la suelo llamar cariñosamente–. Yo estaré todo el mes de julio, y septiembre, durante agosto es más complicado porque suele estar por ahí la familia, ya sabes, y siempre hay más compromisos o planes, que no me permitirían atenderte como mereces.

—No te preocupes, hombre, mi idea es comenzar el camino en Santander y calculo que pasaré por Comillas a mediados de julio.

—Me parece perfecto, por allí estaré, además incluso a lo mejor me animo a acompañarte durante unos días, y así veo la experiencia, que nunca he tenido

—Qué buena idea, sería fantástico compartir juntos unos días del Camino, te va a gustar la experiencia. Estoy planificando en detalle el mismo y, si te parece, te pasaré una lista con los principales materiales que hay que llevar y algunos consejos, para hacerlo lo más fluido posible

—Muy bien, pues hablamos entonces cuando lo tengas todo planificado y quedamos cuando quieras. Gracias por llamarme y acordarte de mí. Recuerdos a Carmen y los niños.

—Igualmente, vamos hablando

Así quedó el tema, yo pensé en un primer momento, que son de esas cosas que se dicen, pero que probablemente ni siquiera me llamaría para pasar a verme por Comillas.

Aunque efectivamente no le di mucha certeza a la posibilidad de tener la experiencia, aunque fuese fugaz, del camino, se me quedó una especie de luz interior, como un destello en mi mente que con cierta recurrencia me recordaba a modo de llamada interior que el camino estaba en camino. Trataba de pensar cómo sería la experiencia, que tantos ríos de tinta había vertido a lo largo de los siglos. Que tanta gente de todos los rincones de la Tierra había venido hasta España para tener la experiencia. Y que generaba en mí una especie de atracción interior que no podía quitarme de la cabeza.

Pensándolo de forma fría y objetiva y tratando de dejar de lado cualquier tipo de apreciación más sentimental o espiritual, a fin de cuentas, no era más que echarse un macuto a la espalda y ponerse a caminar durante días o semanas, de albergue en albergue, hasta llegar a Santiago de Compostela. Como podías coger la mochila y hacer lo mismo en dirección a cualquier otra parte de España, o del mundo, que te propusieras.

Estaba claro que iba a suponer un esfuerzo enorme, que entendía bien el motivo del mismo, y enfrentarte a un reto de este calibre, sin tener un objetivo o motivación suficientemente clara, me parecía que no tenía mucho sentido.

Estos pensamientos me llevaban, a menudo, a dudar de mi verdadero interés por hacerlo y me perdía en mi mente, buscando excusas para quedarme tranquilo en Comillas, con mis paseítos por la playa, mis horas de contemplación del mar y la naturaleza, sin mayores esfuerzos que mi ejercicio diario que no me llevaba más de una hora.

Pero al cabo de un rato de estar ya casi convencido de la inutilidad del viaje para mi experiencia personal, enseguida volvía a mi mente un destello de atracción intenso hacia el Camino, sobre todo cuando estaba en momentos de más quietud mental, sobre todo en mis meditaciones matutinas. Y así fueron pasando los días.

Seguí con mi vida cotidiana normal de diario, despertando antes del amanecer, un café, acompañado de un paseo por el mundo del Espíritu con alguna de las lecturas que suelo frecuentar y que me ayudan a conectar desde primera hora con la Mente de Dios, antes de caer en la mente del ego que nos va engullendo durante el resto del día en un torbellino de pensamientos mundanos y preocupaciones banales, que nos intenta alejar de nuestra naturaleza Divina Real. Después, acostumbro a practicar un rato de meditación, que no es más que relajar el cuerpo a través de la respiración, para posteriormente mantenerte un rato conectado con la Mente de Dios, de la que formamos parte y con quien nos encontramos en paz.

A continuación, practico unos asanas de yoga, que me permite estirar bien todos los músculos, articulaciones, tendones, ligamentos… que me ayuda mucho para sentirme más flexible y ligero. Por último, salgo a correr un rato, a trote lento, durante 30 o 40 minutos, que me sienta de maravilla. El resto del día varía según me vaya guiando la propia vida, tengo la suerte de estar prejubilado y, por tanto, carezco de agenda y puedo centrar la atención en aquello por lo que me sienta más atraído en cada momento, si bien dedico bastante tiempo a leer y escribir. También me gusta darme un paseo en moto, caminar con mi perro por el campo, ir a sitios públicos a observar la vida y la gente…, supongo que lo normal de cualquier persona vulgar como yo.

En función de mi lugar de residencia, mis actividades cotidianas varían sustancialmente. Mientras estoy por Cantabria, estoy siempre mirando al cielo, el viento y la mar. Puedo adivinar el tiempo que va a hacer y, en base a ello, disfruto de un paseo por la playa o bien me voy al puerto o me acerco a algún acantilado desde donde poder contemplar al siempre fiel compañero, mi querido mar Cantábrico.

Santillana del Mar

ANUNCIO DEL CAMINO

"Dale la bienvenida a la vida en cada momento aceptando plenamente lo que es con agradecimiento, y la vida te mostrará toda su bondad y amor"

Ekchart Tolle

Aún estaba por Madrid cuando un día sonó el móvil. Era mi amigo Pedro para confirmarme que finalmente, como tenía previsto, viajaría en autobús desde Vigo, donde suele pasar el verano con su mujer, gallega de nacimiento, y que llegaría a Torrelavega a mediados de julio, para iniciar el Camino desde Santillana del Mar al día siguiente. Como Pedro es muy organizado y, sobre todo tenía una amplia experiencia en haber hecho el Camino en varias ocasiones, me mandó una amplia lista de imprescindibles para llevar en el Camino como eran la mochila, el saco de dormir, dos mudas de todo, un chubasquero, una sudadera, unas zapatillas viejas o muy usadas, vaselina, tiritas, analgésicos, pequeño estuche de aseo…

Estábamos a finales de junio y en unos días tenía ya billete de tren para irme a Cantabria, así que no tenía mucho tiempo para recopilar todo lo necesario. Me fui una tarde a Decathlon y allí pude comprar prácticamente todo lo que necesitaba para mi camino… bueno no todo, lo más importante no lo llevaba, al menos explícitamente, aunque si en lo más profundo de mi ser, pues desde allí floreció poco a poco a lo largo del Camino, como toda virtud o don que Dios nos concede para que lo descubramos por nosotros mismos a lo largo del camino de la vida.

Confieso que al principio me sentía un poco nervioso de pensar cómo resultaría la experiencia, si me llevaría bien con mi amigo para convivir veinticuatro horas al día durante varias jornadas, si sería capaz de aguantar el esfuerzo que supondría caminar de 6 a 8 horas diarias con una mochila de 8 kg. Aunque hacía tiempo que no practicaba senderismo intenso y con mochila, el aspecto físico en verdad no era mi mayor preocupación, pues era consciente de estar en forma, como ya comenté anteriormente en mis rutinas diarias se incluye al menos 40 minutos de correr por el campo, o 1 h de caminata a paso muy ligero desde hace ya 20 años.

Fueron pasando los días, marché para Comillas. Pasé unos días muy tranquilo, con la mente demasiado ocupada por la nueva experiencia que iba a tener, y tratando de imaginarme como sería. Estuve intentando entrenar un poco en caminar con mochila y el peso estimado que debía de llevar, con las zapatillas que usaría en el Camino, y haciendo recorrido con alguna cuesta, que por Comillas no son difíciles de encontrar.

Las previsiones del tiempo, que siempre suelo seguir, como información adicional a mi impresión personal en base al leguaje particular de la propia Naturaleza, que, a través del mar, el viento, la humedad, el cielo, me indicaban que el tiempo sería bueno, aunque excesivamente caluroso. En las previsiones de la agencia de meteorología, estaban alertando de una nueva ola de calor extremo que afectaría a todo España, incluido el cantábrico. Ciertamente sentía, ya desde hacía días, un viento de sur muy seco e intenso, el agua del mar estaba muy caliente 20°C para ser el cantábrico, y el mar estaba muy tranquilo. Todo ello no hacía más que confirmarme que las previsiones sobre la ola de calor que estaba por llegar se terminarían por cumplir.

Fueron pasando los días casi sin darme cuenta. Tenía metido en la cabeza mi próxima experiencia con el Camino de Santiago. En ocasiones, me perturbaba, me generaba cierta ansiedad, e incluso buscaba escusas que poder contar a Pedro, para evitar emprender dicha experiencia. Mas en otras ocasiones me sentía profundamente atraído por una sensación de seguridad, dicha y paz, que me empujaba hacia un estado de profunda felicidad.

Curiosamente, era cuando estaba más en contacto con la Naturaleza, cerca del mar, contemplando los verdes pastos con el ganado paciendo mansamente, cuando me sentía más atraído por el Camino. Mientras que otros momentos de mayor introspección conmigo mismo, y arrastrado por el torbellino de pensamientos, era cuando me cuestionaba y dudaba de la conveniencia de emprenderlo.

Durante esos días previos al inicio del Camino, recuerdo que aprovechaba la ocasión, para comentar mi proyecto con cualquier amigo, conocido o familiar con quien coincidiera por el pueblo, como buscando algún incentivo más que me convenciera de iniciarlo, o bien cualquier excusa para desecharlo. La mayoría de las personas con las que tuve la ocasión de comentarlo, me decían que a ellos también les encantaría hacerlo algún año, pero no encontré ninguno que lo hubiera hecho, y que pudiera compartir conmigo su experiencia. Siempre te contaban escusas, tipo no tengo tiempo, estoy lesionado, tendría que entrenar más porque me han dicho que es muy duro...

Solo en una ocasión, comentándolo con un conocido de la infancia, que hacía mucho tiempo que no veía, quizás 20 o 30 años, pero por el que siempre sentí cierta empatía, me comentó que él lo había hecho en una ocasión, y que le gustaría volver a hacerlo. Me dijo que fue una experiencia profunda consigo mismo, y que le enseñó a descubrir y cultivar la virtud de la humildad. Me decía que a pesar de todos los pensamientos y percepciones que sentía, por encima de todo, y en los momentos de mayor esfuerzo y soledad, le venía una profunda y básica sensación de encontrarse así mismo solo entre el sol y la tierra, como si no existiera nada más en el mundo, consciente de que la humildad y la gratitud a Dios por ser sus hijos tal como Él nos ha creado.

Esa humildad y agradecimiento del que me habló mi conocido de la niñez me produjo una sensación de profunda curiosidad. Si bien no podía comprender como se podía sentir agradecimiento por un sufrimiento innecesario, que nadie nos ha pedido que hagamos pero que hemos decidido hacerlo por tener la experiencia. Sufrir es sufrir y ya está, me repetía una voz en mi cabeza, pero cuando conseguía apartarme un poco de esas voces, y me sentía solo en silencio, sí que podía comprender como la trascendencia del sufrimiento solo se puede alcanzar mediante la aceptación de este, la humildad del discípulo y la gratitud de la enseñanza que nos permite trascenderlo cuando comprendemos que el mismo se encuentra solo en nuestra mente. Cuando perdonamos al mundo, eliminamos todo resentimiento y nos perdonamos a nosotros mismos, y con humildad agradecemos a Dios nuestra sanación.

Fue así como recordando las sabias palabras de Ekchart Tolle, me dejé llevar por una profunda aceptación de las circunstancias, dejando a un lado la insistente voz del ego, que repetía sin cesar que me lo pensara bien, que para que servía todo eso, con lo tranquilo y a gusto que estaba yo solo en Comillas, para que iba a complicarme la vida con un sufrimiento innecesario.

Pero me daba cuenta de que en la medida que me rendía a la aceptación de la vida tal como me venía en cada momento, mayor era la paz interior que sentía, y la alegría que experimentaba con el sencillo quehacer de cada instante. Era una bendición que debía agradecer y aceptar con humildad y así fue.

Comillas

CONCIENCIACIÓN

"Morir al sueño de la ola y despertar a la presencia del océano que Es, respira la vida"

Jeff Foster

Con estos pensamientos y sensaciones, altibajos emocionales y cierto nerviosismo creciente, llegó el día que me llamó mi amigo Pedro para anunciarme que ya salía de Vigo en autobús, dirección Cantabria, llegaría a media tarde a Torrelavega, con idea de que le recogiera en coche o que me acercara en bus para comenzar juntos el Camino desde un albergue público donde iba a dormir esa noche en Santillana del Mar.

Yo estaba en Comillas, y la verdad es que pensar en tener que dormir en un albergue público en Santillana, teniendo mi preciosa casita en Comillas, a 20 minutos en coche, no me resultaba nada atractivo. Por lo que le cambié un poco los planes, y quedamos en que el iniciara el Camino en Santillana, si quería, aunque le ofrecí recogerle en Torrelavega, ir a Comillas, pasar la tarde e iniciar el Camino al día siguiente, pero él, que ya se había puesto en formato peregrino, declinó la invitación y me dijo que comenzaría el Camino en Santillana desde el albergue público. Y así comenzó mi Camino, con un día de retraso respecto al programa organizado por Pedro.

Tuve tiempo al día siguiente para organizar todo lo que tenía que llevar. Lista en mano, recopilé todo el material y ropa que debía llevar, intentando hacer un esfuerzo de austeridad y humildad, dado que una norma importante del camino es llevar el mínimo peso posible. Cada kilo de más en el macuto se multiplica durante el camino con el paso de los kilómetros y los días de fatiga. Esto también sirve con relación al aspecto físico y emocional o psicológico. Es importante ir preparado con una buena dosis de humildad, ligero de cargas emocionales, aunque estas se van liberando a lo largo del camino, y en buen estado físico, flexible y resistente.

Con todo ya preparado para mi nueva aventura, comí ligero, eché la siesta (siempre corta, de no más de media hora) y aproveché que hacía buena tarde para coger mi motillo, que tanta libertad de movimiento me da para moverme por el pueblo. Aunque dudé si acercarme al puerto o ir a dar un paseo por la playa, finalmente me acerqué a esta última para poder sentir el mar más de cerca y despedirme de él por unos días. Ciertamente acerté pues la experiencia fue muy energética.

Estaba la marea baja y, como de costumbre, me acerqué a la orilla hasta mojarme los pies. La primera impresión siempre es fría con el Cantábrico, pero enseguida, como con un buen amigo, te vas relajando con el balanceo de las olas sobre los pies y sientes como estos se van reactivando con toda la energía del mar que te penetra hasta sentirla por todo tu cuerpo. Acompañada la sensación física con la energía visual de esos bellos prados verdes con los Picos de Europa al fondo y la energía auditiva del rugido del mar que llena tu mente, que la limpia de otros pensamientos terrenales y alisa tu cabeza, como hace cada ola con la arena después de romper en la orilla, y recogerse hacia su fuente, como en busca de nueva energía de su fuente madre, la mar.

Estuve así paseando por la orilla, perdiendo el sentido del tiempo, hasta que empecé a sentir el relente, expresión muy típica del norte que hace referencia a esa sensación de humedad que se te mete en los huesos y te hace sentir destemplado. Así que finalicé mi paseo, cogí la moto y me marché para casa

Después de darme una ducha caliente para quitarme esa sensación de frío que tenía metida en el cuerpo, me preparé una cena ligera y salí a la terraza, ya con la noche encima, mostrando los primeros destellos de las estrellas del firmamento. Como vi que había un poco de contaminación lumínica, por las farolas de la calle, aproveché para tirar la basura y dar un paseo nocturno en busca de algún banco cercano desde el que poder sentarme y contemplar el espectáculo del firmamento nocturno cerca del mar.

Encontré un buen sitio y allí me senté un rato a reunirme con la noche. Yo soy bastante noctámbulo, no solo porque me guste la noche, sino por obligación. Ya desde hace años duermo poco, no más de cinco horas diarias, lo que me permite disfrutar de la noche más tiempo del habitual para la mayoría de las personas. Esta costumbre, que no defiendo que sea buena ni mala, sí me permite disfrutar de dos o tres horas diarias de silencio y oscuridad, solo interrumpidas por el sonido de algunos grillos y la luz estelar que nos regala el firmamento.

Sentado en el banco, comencé a reconocer las diferentes constelaciones que decoran el cielo, con la Osa Mayor, que en la punta de su cola corona la estrella polar que siempre indica el norte magnético de la tierra. Rodeándola puedes ver las Perseidas, Casiopea, el Cinturón de Orión, que si te fijas se puede ver bien la figura del guerrero espada en mano, luchando contra un león. También se pueden contemplar otras constelaciones como Tauro, Piscis y Leo y muchas otras que decoran el cielo como un tapiz bordado por las manos del Creador. En las noches de luna nueva se puede ver perfectamente la Vía Láctea, o Camino de Santiago, que es un cúmulo de estrellas que muestran una especie de neblina resplandeciente que cruza el firmamento de este a oeste, señalando precisamente la dirección hacia Santiago de Compostela.

El espectáculo era impresionante, puede parecer siempre igual, pero cada vez que me quedo mirando las estrellas, y más en esta ocasión en la que iba a comenzar el Camino de Santiago, me embargó una profunda emoción. Sentí una llamada desde lo más profundo de mí ser, sentí como si la Vía Láctea resplandeciera de forma especial para mí, reclamando mi atención hacia lo que me tenía que enseñar, y que para mí era un misterio.

Comencé a sentir cierta humedad en la sudadera que llevaba puesta, y un poco de fresco, así que me fui para casa. Me preparé una infusión caliente, me quedé leyendo un rato hasta que me empezó a entrar el sueño y me acosté. Me quedé dormido enseguida, como suele ser habitual, duermo muy profundo pero poco tiempo. Normalmente no tengo muchos sueños, o al menos no me acuerdo de ellos, pero esa noche me sorprendió un sueño extraño, parecía que estuviera caminando por la misma Vía Láctea y que pudiera saltar de unas constelaciones a otras sin el más mínimo esfuerzo. Flotaba en el espacio y sentía como si una fuerza magnética me atrajera sin remedio, pero al mismo tiempo podía moverme con libertad. Los sueños siempre nos parecen extraños cuando los vemos con los ojos de vigilia, pero nos parecen muy reales y comprensibles cuando estamos en el mundo de los sueños, como dice el sabio poeta «da vida es sueño».

CONTACTO PEREGRINO

"No pidas que las cosas lleguen como tú las deseas, más bien deséalas tal como lleguen"

Epicteto

Me desperté pronto, como siempre, hacia las cinco, salí al jardín y sentí que la temperatura era elevada para esas horas, lo que me hizo pensar en el calor que íbamos a pasar los próximos días. Este era el día que comenzaba el Camino para Pedro, pues como ya dije antes yo me incorporaba a partir del segundo día. Me dijo que calculaba llegar a Comillas hacia las una de la tarde. Le esperaba hacia esa hora, pero se equivocó mal guiado por el GPS del móvil y en vez de preguntar a los lugareños como yo, tuvo que dar un rodeo que le llevó casi una hora más de camino.

Cuando le vi llegar, me quedé un poco impresionado por el aspecto tan agotado en que le encontré, y pensé… «si es así el primer día, y para alguien con ya más de siete compostelanas, el tema debe ser duro de verdad». De repente me vino la gran duda de si rajarme con alguna excusa y quedarme tranquilamente en Comi-llas. ¿Qué necesidad tenía yo de someterme a ese sufri-miento?

—Pedro, es aquí, ven por este lado y pasa por el jardín que está abierto –nos dimos un abrazo, hacía casi 6 meses que no nos veíamos – se te ve agotado, pasa y siéntate, que te traigo un poco de agua.

—Me he perdido, estas malditas tecnologías. El GPSte lleva por donde le da la gana y me ha metido una vista turística por el pueblo dándome un rodeo que me ha hecho hacer una hora más de camino de lo que tenía calculado. Y con el calor que hace, te podrás imaginar cómo vengo. Además, no me ha gustado nada esta eta-pa del camino. Ha sido casi todo por carretera, con muy poco camino rural, y con este calor el asfalto se recalien-ta y acabas con los pies cocidos.

—Vaya por Dios, qué faena. ¿Y cómo no me has llamado para indicarte el camino más corto para llegar a mi casa? Cuando uno va en algún vehículo, te puede importar menos perderte, y de paso vas conociendo el entorno, pero andando… con este calor y ya seis horas de camino encima, no se deben tomar esos riesgos.

—Tienes razón, pero pensé que el GPS me trae-ría por el camino más corto, y no sé si es que consideró que iba en algún vehículo, como dices, y me metió un paseo turístico por el pueblo, vengo derrotado. Si tienes dame mejor una cervecita fría y voy a echar un pitillo para celebrar la llegada.

—Por supuesto, aquí tengo varios botellines bien

fresquitos, siéntate y descansa y ahora me cuentas.

Tras descansar un rato, y ya un poco más recompuesto, se dio una ducha y, sin esperar a más, enseguida lavó su ropa y la tendió a secar. Esto me pareció un poco extraño. Tenía lavadora y secadora y no me parecía que fuera tan urgente. Pero los siguientes días comprendí que es una rutina habitual del peregrino a lo largo del Camino y que todos lo hacían nada más llegar a los albergues. El motivo era que había que dar tiempo suficiente para que se secara la ropa, que te pondrías al día siguiente, pues siempre ibas con la misma vestimenta, ya que la de repuesto se utiliza para ponerte limpia y seca después de asearte tras la jornada del Camino. Si no se hacía así y lo dejabas para más tarde, quizás no le daba tiempo a secarse y tenías que salir con la ropa mojada en la siguiente jornada.

Después de descansar un rato nos fuimos a una taberna cercana a casa, en la moto, a tomar un menú del día. La moto es pequeña, un scooter de 125 cc, y debíamos de tener un aspecto muy cómico, pues mi amigo es más alto y grande que yo, que era el piloto, y parecíamos la hormiga atómica llevando al oso Yogui de paquete.

Durante la comida comentamos algunos prolegómenos sobre el camino que iniciaríamos al día siguiente y volvimos a casa para echar una buena siesta. La tarde la dedicamos básicamente a revisar la ruta del Camino de los siguientes días, con detalle de los albergues donde haríamos noche sucesivamente.

Al ser año de Jubileo, por la pandemia del CO-VID en 2021, que era cuando correspondía ser, por lo que lo aplazaron al 2022, había bastantes peregrinos por el camino, y parecía que los albergues públicos, que era donde quería pernoctar mi amigo para tener la experiencia de auténtico peregrino, tenían más gente de la habitual. Estuvimos llamando a varios de ellos, con la sorpresa de que en algunos no quedaba sitio y tuvimos que optar por reservar en hostales o pensiones de peregrinos como única alternativa para pernoctar. Sin haber completado las reservas, ya era tarde y estábamos cansados y decidimos salir a dar un paseo.

Nos acercamos dando una vuelta al pueblo y tomamos unas buenas hamburguesas y una ensalada en un bar restaurante que se llama Mombasa. El sitio está dispuesto de manera informal, tiene varias mesas en una amplia terraza, con una parte cubierta por un toldo por si llueve, y otra parte al cobijo de unos frondosos árboles, que te cubren con una generosa sombra.

El local funciona como hamburguesería, raciones, ensaladas… durante el mediodía y para cenar, hasta que llega la medianoche. Es entonces cuando se habilita una pequeña y rústica barra, situada en una esquina de la terraza, para servir copas en verano hasta la madrugada. Ahí suele acudir mucha gente joven en los meses de verano como punto de encuentro y reunión cuando salen de fiesta. Disfrutamos mucho de la cena con una sensación de despedida del pueblo, como si no fuera a volver nunca, o como si fuera a volver transformado por una experiencia aún por descubrir.

Tuve la sensación de estar experimentando la última cena que se describe en las sagradas escrituras, con esa sensación de que algo viejo comenzaba a morir para dar la bienvenida a algo nuevo que ampliaría al menos mi experiencia, y quizás aumentaría un poco mi nivel de consciencia.

Volvimos caminando por la carretera que lleva hasta mi casa, que se encuentra a unos diez minutos de Mombasa. A esas horas ya se notaba poco movimiento de gente por la calle. La temperatura era muy agradable. Llegamos a un cruce en el que debes girar al interior. A partir de ahí, el camino se estrecha y hay una arboleda a mano izquierda y unos amplios prados verdes en un pequeño valle que preside la colina donde se encuentra el palacio de La Coteruca, que con su imponente presencia preside todo el valle.

La estampa de la noche estrellada con las luces amarillas de algunas casitas desperdigadas por los prados, y el palacio en lo alto, me causó una profunda sensación de humildad y cierto desasosiego. No sé si fue por la sensación de corriente fresca de brisa que corre cuando se pasa por ese tramo de camino que transcurre por una pequeña vaguada que linda con un verde prado donde suelen pastar vacas y caballos, o por la nostalgia por la despedida de algo que debía dejar atrás para recibir con plena aceptación y agradecimiento lo que el camino me pudiera presentar.

RUTINAS DEL CAMINO

"El buen comensal extiende la mano cuando le ofrecen el plato, no lo retiene si se lo alejan y no lo reclama si aún no ha llegado"

Heráclito y Diógenes

La rutina era muy parecida en cada jornada. Llegábamos al albergue público, que ya habíamos reservado previamente, pues en esos días, como ya he comentado, había mucha afluencia de peregrinos, ya que, por ser año de jubileo, era difícil encontrar plazas libres.

Cuando llegábamos, habitualmente tenías que esperar hasta que abrieran el albergue y los peregrinos nos íbamos amontonando en la puerta con aspectos más o menos agotados, después de tantas horas de Camino. Según nos íbamos registrando en el albergue, nos asignaban literas disponibles donde instalarnos. Te dabas una ducha y enseguida te ponías a lavar la ropa y tenderla donde pudieras. No siempre había tendal, y ahí fue cuando comprendí la utilidad de la cuerda que se incluía en la relación de enseres para llevar, y que resultaba de gran utilidad para tender la ropa. Seguidamente, cada uno comía lo que tenía, o podía comprar algo para alimentarse en algún ultramarinos cercano. Nosotros habitualmente lo hacíamos en algún bar cercano, un menú del día, que te sabía a gloria, y después echábamos una buena siesta en el albergue.

Los peregrinos son muy respetuosos con los silencios en las horas de descanso, es importante pues a menudo teníamos que madrugar mucho, por el intenso calor que hizo esos días, y sin un buen descanso era muy difícil poder aguantar esas jornadas tan agotadoras. El problema era que, con tanta gente, 20 o 30 personas, era difícil que alguno no roncara, y según la capacidad de dormir de cada uno, esto podría suponer un grave problema para el descanso y la siguiente jornada de Camino.

Mi amigo era capaz de dormir cayéndole bombas alrededor, no se enteraba de nada, se notaba la experiencia de dormir en albergues que tenía, yo le envidiaba, pues mi caso era justo el contrario. Aunque suelo dormir poco, cinco o seis horas, necesito que sea en silencio y con la menor luminosidad posible, y esto no parecía muy factible en esas condiciones. Esto provocó que algunos días tuviéramos que coger un hostal con una habitación doble, porque mi nivel de agotamiento por el calor intenso, las 7h de camino, y falta de sueño, me llegaron a provocar algunos mareos durante el Camino, que llegué a temer por mi salud física y mental.

Bien, por no desviarnos del camino, la rutina continuaba con un paseo por los alrededores del albergue u hostal de turno, o nos quedábamos departiendo con algunos de los peregrinos que estaban en el albergue, compartiendo historias y experiencias de lo más variadas. Me impresionaba la variedad de nacionalidades diferentes que nos encontramos, chino, belga, francés, americano, canadienses, suizo, croata, alemán, inglés, argentino… calculo que 8 de cada 10 peregrinos eran extranjeros, pero en inglés te podías entender con casi todos.

Caída la tarde, o bien organizábamos una cena en común en el mismo albergue, con el resto de los peregrinos, o salíamos a dar una vuelta por la población que estuviéramos y tomábamos algo por ahí.

En general el ambiente era muy bueno, y por encima de todo se percibía un gran sentimiento de hermandad de peregrinos que estaba por encima de cualquier cultura, nacionalidad, y persona de que se tratase. Tras esta agradable cena y ligera sobremesa, nos acostábamos pronto, hacia las 10,30h, pues a partir de las 5h ya empezábamos a salir del albergue a seguir nuestro peregrinaje haciendo el Camino de un nuevo día.

Interior de una tienda de ultramarinos
Grandas de Salime (Asturias)

Peregrinos antiguos, a los que se aconsejaba no ir solos

COMIENZA EL CAMINO

"Un solo camino narrable me queda: qué es. Y sobre este camino hay signos abundantes"

Parménides

Me levanté pronto por la mañana, como de costumbre. Me tomé un café y comencé con mis rutinas matinales, lectura, meditación, estiramientos, ejercicios físicos… al cabo de media hora, más o menos, se levantó Pedro, se le notaba un poco adormilado y entumecido, supongo que por el esfuerzo de la jornada anterior. Tomamos otro café, acabamos de preparar las mochilas, recogimos la casa, emprendimos enseguida el camino. Hacía ya bastante calor a esas horas (6:30 horas), y teníamos que intentar avanzar lo más posible antes de que el calor comenzara a castigar.

Aún era de noche cuando salimos de casa, aunque ya se empezaba a vislumbrar cierta claridad por el este. Las farolas del pueblo estaban aún encendidas, el pueblo completamente vacío, y sentí una profunda sensación de soledad y tristeza, como si el mismo pueblo sintiera cierta pena por las duras jornadas de camino que se presagiaban, deseándome buen camino y que regresara pronto.

El comienzo fue bastante liviano, en la medida que el terreno era bastante llano y el entorno precioso, que, si bien ya conocía desde hace muchos años, en esa situación de peregrinaje y a esas horas, se me hacía cuando menos distinto, con un encanto especial.

Mi amigo es bastante hablador, yo en cambio soy bastante callado, así que la combinación era buena. Yo le iba preguntando cosas del Camino y él se explayaba en sus explicaciones. Era como un libro abierto, se notaba que ya lo había hecho muchas veces y que había leído bastante sobre el mismo. Aprendí sobre los diferentes caminos existentes, al menos cinco: el Francés, el Inglés, el Primitivo, los dos de Portugal y el Camino del Norte, en el que estábamos. El más conocido y frecuentado es el Camino Francés, que sale de Roncesvalles y lleva hasta Santiago de Compostela después de recorrer más de 800 km y, al menos, cuatro semanas de camino, según el ritmo de la marcha.

Por el camino nos fuimos cruzando con algunos peregrinos, con quienes siempre intercambiabas el mismo saludo, Buen Camino. Era como un mantra que te identificaba como hermano peregrino con un mismo propósito, caminar hacia Santiago de Compostela. Este saludo entre peregrinos me pareció que transmitía una enorme energía que te animaba a seguir adelante sintiéndote acompañado por el espíritu común del peregrino que te acompañaría durante todo el camino.

Te cruzabas con peregrinos de todo tipo. Algunos solitarios, otros en pareja, otros formados por pequeños grupos organizados, a menudo sin mochilas. Estos eran grupos organizados por diferentes empresas turísticas que han ido surgiendo en torno al Camino, que te llevan las mochilas desde un albergue u hotel hasta el siguiente, de forma que haces un camino bastante más ligero.

Aunque algunos opinan que este no es el auténtico Camino, dado que eliminas una parte importante del mismo, que es el padecimiento y sufrimiento. Yo considero que el camino es más un viaje interior, que cada uno hace el suyo, y no debemos juzgar la forma en que se hace. Si bien, cuando los veías caminar tan ligeros de equipaje, te provocaban cierta envidia, de pensar cómo se estaría con 8-10 kg menos a la espalda.

En cualquier caso, mi intención era acompañar a mi amigo por el camino, en el tiempo y forma que él tenía por costumbre hacer y que coincidía con el auténtico espíritu de peregrino, según los numerosos escritos y normas paganas o religiosas que se han publicado sobre el mismo. Procurando siempre conservar algunas virtudes como la humildad, penitencia, compañerismo, perseverancia, perdón y agradecimiento por la vida.

Llegamos a San Vicente de la Barquera, nuestra primera parada después de casi tres horas de marcha y un calor intenso. La primera parada del día era verdaderamente reconfortante, aparte de ser la primera vez que te sentabas en una silla en un tiempo y tomabas un buen desayuno que te daría energías suficientes para culminar el resto de la jornada. Los hechos más sencillos, como sentarte en una silla se vuelven hechos especiales, que se aprecian como auténticos lujos tras haber caminado durante varias horas, con un calor asfixiante y 10 kg en la espalda.

Comenzaba entonces a apreciar esos pequeños milagros que nos concede el Camino, cuando convierte en diamantes de gran valor los cantos rodados que antes despreciabas y das gracias a Dios por ello. Aquí tenemos una de las primeras virtudes o dones que nos concede el Camino al peregrino, la gratitud a Dios.

Tras esta nuestra primera parada del Camino continuamos nuestra ruta, siempre siguiendo las señales del mismo, unas flechas amarillas pintadas con pintura en diferentes piedras, fachadas o postes que había que ir encontrando, como si de una yincana se tratara, ayudados por el mapa del tesoro que siempre llevaba a mano mi amigo Pedro, del que no se desprendía en ningún momento.

Yo veía por el camino a otros peregrinos y ninguno iba con mapas. La mayoría iban con alguna aplicación del móvil que les iba indicando por dónde seguía el Camino. Pero mi amigo es un clásico y algo enemigo de la tecnología digital, como muchos *baby boommers*, y decía que donde haya un buen mapa, y con anotaciones mejor, que se quiten los móviles y las *apps* que te llevan por donde quieren y fallan con mucha frecuencia.

El calor se iba haciendo cada vez más intenso, estábamos en plena canícula y además el sendero andaba escaso de arboleda. Cada vez que encontrábamos una zona arbolada, nos arrimábamos a ese lado del sendero y así seguíamos nuestro camino, dando gracias a Dios por cosas tan simples como la existencia de árboles que con su sombra nos aliviaran un poco del intenso bochorno que se sentía en el ambiente. Apenas corría el viento y la sudoración era continua. Estábamos empapados, como si saliéramos de una fuerte lluvia del norte, pero con un sol de justicia.

Teníamos que parar, al menos cada media hora, para beber líquidos, pues si no podríamos sufrir una severa deshidratación. Los dos somos poco bebedores habituales de agua, no teníamos nunca sensación de sed y, conscientes de ello, nos obligábamos a beber con cierta regularidad por miedo a poder acabar padeciendo la mencionada deshidratación.

La etapa finalizaba en teoría, según los mapas de mi amigo, con una pronunciada subida hasta un pueblo llamado Colombres, que al menos nos llevaría otra hora de caminata, pero ya estábamos agotados y decidimos parar en el pueblo de Unquera y allí buscar hospedaje y descanso para el peregrino, para no agotar todas las energías en el primer día. El calor fue muy intenso y llegamos ciertamente agotados, exhaustos.

Esta primera etapa se me hizo muy dura, no tanto por el esfuerzo físico como por el excesivo calor y el peso de la mochila, al que no estaba acostumbrado, que me dejó unos intensos dolores de espalda. Gracias a

Dios, después de una buena ducha en el hostal, conseguimos reponernos un poco.

Nos curamos las rozaduras que pudieran haber salido, nos untamos bien los pies y articulaciones con un gel antinflamatorio y relajante muscular que, aunque era un poco pringoso, lo cierto es que te calmaba bastante la intensa carga que sentías en pies, tobillos y rodillas.

Salimos con chanclas, algo que me parecía un poco raro, y más en el norte, donde las chinelas solo se usan para ir a la playa, pero enseguida entendí que, al tener los pies pringados con las pomadas antiinflamatorias y relajantes, no podíamos ponernos las únicas zapatillas que teníamos para caminar al día siguiente. También se utilizaban para las duchas en los albergues, por posibles problemas de infecciones con hongos, dada la afluencia de gente que pasaba por ellos.

Buscamos una lavandería donde lavar la ropa y tenderla cuanto antes en la habitación para tenerla seca para el día siguiente. Luego buscamos algún bar cercano donde tomar un menú para comer, que nos resultó muy complicado puesto que estaban muchos cerrados, sin motivo aparente, aunque finalmente encontramos uno donde comimos decentemente.

Volvimos al hostal para descansar un buen rato de la intensa y calurosa jornada de camino que habíamos pasado. No perdimos más tiempo, pues era mediodía y el calor en la calle era insoportable, intensificado por la elevada humedad que aportaba el río Deva que cruzaba el pueblo.

El calor era muy intenso y, además, la habitación daba a la avenida principal del pueblo, por lo que el ruido del tráfico era constante porque con la ventana cerrada no se podía ni respirar. Como siempre, mi amigo ya dormía la siesta plácidamente, ajeno al calor y los ruidos. Yo le observaba con cierta envidia, pero como no aguantaba más en esa sauna, opté por irme a la calle a dar una vuelta a ver si encontraba algún sitio más fresquito donde poder descansar un poco.

Por la parte de atrás del hostal pasaba el caudaloso río Deva, qué pena que la habitación no diera a ese lado. Encontré unos frondosos castaños al lado del río, con el tronco inclinado y un mullido prado en su base, como invitándome a sentarme y reposar. Así lo hice. Me acerqué, toqué el árbol, como pidiéndole permiso para descansar a su sombra, sentí su consentimiento con un ligero batir de sus hojas con una fresca brisa que venía del río y me senté.

Estaba muy mullida y fresca la pradera, justo en la orilla del río. Me quité las chanclas y metí mis pies en el agua. Sentí como si el río me quisiera reconfortar sanando mis heridas, aliviando mi cansancio y relajando mi ánimo con el frescor de sus aguas. Así permanecí un buen rato, sin apenas moverme, observando las aguas del río que servían de base, tanto para algunos piragüistas que practicaban el remo en ellas, como algunos patos curiosos, con sus camadas de patitos que se acercaban intrigados a saludar el intruso que estaba compartiendo su cauce. En ese momento sentí una pequeña ráfaga de viento que también venía a saludarme. Me quedé medio dormido, recostado en mi querido castaño, con el mecer de la corriente del Deva entre mis pies, la suave brisa que acariciaba todo mi cuerpo y el dulce canto de las aves que compartían el río conmigo.

En ese estado de somnolencia, en profunda conexión con la naturaleza y profundo agradecimiento a Dios por cuantos pequeños milagros ponía a mi disposición para reconfortar a un cansado peregrino, de repente algo extraño me despertó. Noté un olor diferente al frescor de los prados y el río. Parecía un olor a quema de rastrojos y al poco tiempo se hizo un profundo silencio, como presagio de que algo iba a ocurrir.

Efectivamente sonó el fuerte rugido, que provenía de más allá de las montañas, y vi como aparecía un helicóptero de los bomberos que venía a cargar agua para apagar algún incendio que había cerca. Con la intensa ola de calor que estaba sufriendo España y casi toda Europa, en esas fechas, y la fuerte y persistente sequía que ya duraba varios meses, los prados estaban cargados de combustible forestal que cualquier descuido accidental o provocado ocasionaba unos incendios devastadores. Además, en zonas escarpadas como era la base del inicio de los Picos de Europa, la dificultad para su extinción era enorme y sus pendientes favorecían la propagación del fuego entre las arboledas. El pasar de helicópteros fue continuo durante toda la tarde. El incendio parece que era entre Panes y Bueyes. La parte más cercana para coger agua era precisamente en el tramo de Unquera, donde el río Deva es más caudaloso.

Sentí un profundo pesar al observar como la Naturaleza, que tanto nos cuida y protege, era cruelmente castigada por las llamas de un incendio, a menudo provocados, y, en cualquier caso, como consecuencia de los cambios climáticos, también provocados por la falta de conciencia global del hombre. A pesar de ello, la madre Naturaleza, brazo visible de Dios en la tierra, nunca es rencorosa, siempre ayuda con sus recursos naturales a reequilibrar el sistema, poniendo a disposición del hombre la lluvia, el agua de los ríos, la tierra fértil... que con el tiempo terminará por regenerarse a sí misma en el curso natural de la vida. Gracias, madre.

De vuelta al hostal, me encontré con mi amigo que salió en mi búsqueda, después de que le hubieran despertado el ruido de los helicópteros que estaban trabajando cargando agua en el río Deva para ayudar en la extinción de los incendios.

—¿Qué está pasando? No hacen más que pasar helicópteros y no me han dejado dormir

—No tienes un mal sueño, amigo. Los helicópteros llevan pasando desde hace más de una hora. El ruido es ensordecedor, ya que están cogiendo agua del río Deva, justo detrás del hostal.

—Ya decía yo que este follón tenía que ser por algo. Bueno, espero que no sea muy grave y puedan controlarlo rápido. Parece que no hace apenas viento, por lo que supongo que será más fácil de controlar.

—Sí, pero tendrán que darse prisa. Según me han comentado unos paisanos con los que me he encontrado, a partir de las ocho de la tarde dejan de volar los helicópteros, por problemas de visibilidad, y hasta mañana al amanecer no pueden retomar las labores de extinción.

—Esperemos que así sea. Pero, en fin, nosotros poco podemos hacer al respecto. Si te parece, vamos a buscar una terracita donde tomar un café, o un refresco, porque ya es un poco tarde, y repasamos la ruta de los próximos días y reservamos los albergues que podamos. Parece que este año, por ser año de jubileo, están bastante llenos, y como no reserves te quedas fuera y tienes que buscarte un hostal.

—Bueno, los hostales no me parecen tan mal, estamos más cómodos nosotros solos y vamos a nuestro aire.

—De acuerdo que son más cómodos, pero también son bastante más caros que un albergue público. Además, a mí una de las cosas que más me gustan de hacer el Camino es precisamente encontrarme con otros peregrinos en los albergues con los que compartir experiencias y mesa.

—En eso reconozco que yo soy diferente a ti, a mí me gusta más la soledad y la privacidad y experimentar el camino más interiormente que exteriormente.

—Yo he pasado ya, como sabes, ocho veces por el Camino y te digo que lo mejor del Camino es la experiencia de conocer gente.

—Jajajaja, ya veo por dónde vas, a ti lo que te gusta es ligar, pero para eso vete a una discoteca o de fiesta, pero no a hacer el Camino de Santiago y te ahorras muchos esfuerzos y padecimientos.

—No te puedes imaginar lo que se liga en el Camino. El Camino es como estar en Las Vegas, lo que pasa en Las Vegas se queda en Las Vegas, aquí igual, lo que pasa en el Camino se queda en el Camino. Ten en cuenta que la mayoría de la gente con la que te cruzas en el Camino a menudo son extranjeros o cuanto menos de otra ciudad, por lo que será difícil que te los vuelvas a encontrar otra vez en tu vida. Son experiencias y contactos fugaces con un trasfondo de hermandad de peregrino.

El discurso me pareció que tenía su sentido y comprendía que, en su caso, había hecho el Camino varias veces. La mayoría de ellas solo, por lo que coincidir y compartir el camino con otros peregrinos, ciertamente, debía ser un aliciente para él. A mí, en cambio, me atraía más la idea de poder tener cierta privacidad y tranquilidad en el descanso, necesario entre las duras jornadas que nos esperaban, más que compartir dormitorio en albergues públicos con otros peregrinos con objeto de conocer nueva gente con quien realizar el camino.

Por no discutir, en un tema que veía que era especialmente delicado para mi amigo, accedí a su propuesta. Estuvimos repasando las diferentes etapas que nos quedaban y llamando a los diferentes albergues públicos que se encontraban en las localidades donde haríamos noche. Por suerte, no encontramos sitio más que en tres de las cinco noches que nos restaban hasta llegar a Gijón, así que las reservamos y para el resto de los días reservamos en hostales o albergues privados.

Esa noche fue un auténtico calvario. El calor era horrible y si abrías la ventana solo entraba más calor, con mucha humedad por la proximidad del río, así como cierto olor a quemado de los incendios de entornos cercanos, que aun debían estar activos.

Habíamos quedado en madrugar bastante para evitar el intenso calor en las horas centrales del día, así que nos levantamos a las cinco, que en mi caso suponía haber dormido no más de un par de horas. Estoy acostumbrado a levantarme pronto, pero no a dormir tan poco y más aún cuando empiezas a acumular una intensa fatiga de la jornada anterior..

No podía conciliar el sueño y no era por falta de cansancio, sino más bien por el intenso calor que hacía. A veces cogía mi Kindle y me ponía a leer un poco, pero me constaba mantener la concentración y enseguida se me caían los párpados. Cuando cerraba el Kindle y me acostaba para dormir, sentía mucho calor, estaba sudando y con la almohada empapada. Me levantaba para abrir la ventana. Además de entrar poco aire, solo entraba ruido de un parque cercano con gente en la calle de fiesta, intercalado con el que producía el continuo paso de vehículos por esa carretera.

En esta situación, pensé incluso volver a bajar a la calle, y sentarme al lado del río, pero supe que, con esa humedad y calor, por la noche estaría plagado de mosquitos. Así que opté por practicar algunos ejercicios de respiración *asanas*, que te ayudan a bajar la temperatura del cuerpo y así, al menos, estaría tranquilo, relajado y descansaba la mente, ya que el cuerpo no podía hacerlo.

Así lo hice. Me senté en posición de Loto encima de la almohada en el suelo. Así permanecí bastante rato, calculo que más de una hora. Me pareció que había disminuido algo el ruido externo, o quizás fue mi mente la que se volvió sorda inmersa en mi silencio interior. De esa manera, me tumbé en la cama, continuando con mi estado meditativo, y ya no sé cuánto tiempo permanecí meditando o cuando caí en los brazos del sueño, pero así fue, y al menos pude descansar la mente, aunque el cuerpo, cuando me desperté a las pocas horas, lo notaba falto de descanso.

LUNA DE SANGRE Y FUEGO

"El deseo es el recuerdo del placer y el temor es el recuerdo del dolor. Ambos hacen a la mente inquieta"

Nisargadata

Salimos del hostal tras sellar la cartilla del peregrino en el mostrador, nos tomamos un batido del tiempo que compramos la tarde anterior y emprendimos la marcha, por carretera dirección Colombres.

Recuerdo que, aunque hacía ya bastante calor a esas horas, la noche se mostraba mágica. A través de una suave neblina se adivinaba una luna llena, llamada luna de sangre por su tono rojizo. El reflejo de la Luna sobre un manso río Deva, le daba un aspecto casi fantasmal. Parecía como si el río nos estuviera avisando de la dura jornada que tendríamos por delante, despidiéndonos con un ahogado lamento de tristeza y al tiempo esperanza por la magia del camino en un nuevo día.

Enfilamos una pronunciada pendiente por una carretera que nos llevaría hasta Colombres. Íbamos caminando en silencio, cada uno ensimismado en sus pensamientos. A pesar de haber dormido muy poco, empecé la jornada con bastante energía. Como ya comenté anteriormente, tengo por costumbre, ya desde hace más de veinte años, a levantarme a esas horas y salir a correr de noche. Quizás por eso, la noche siempre ha sido mi aliada y me siento especialmente energético en las primeras horas de la madrugada. También me siento más receptivo mentalmente y con un nivel de consciencia más elevado.

Tenía también el aliciente de llegar a Colombres, pueblo precioso de Asturias que suelo frecuentar todos los veranos para visitar a Ramón y Marisa, dos buenos amigos de allí, que son muy buena gente y con quienes mantenemos una muy buena amistad, a pesar de ser casi quince años mayores que yo. Él era tuno en sus tiempos mozos, toca muy bien la guitarra y tiene una voz prodigiosa. Es muy animado y mantiene un grupo de viejos amigos de la tuna, con los que queda todos los veranos y siguen dando algunas rondas por las fiestas de los pueblos de la zona. Lo pasamos genial cada vez que estamos con ellos. Ella, Marisa, fue peluquera de mi suegra durante muchos años hasta que esta falleció muy temprano, con solo 61 años (descanse en paz), y a quien tenía mucho cariño. Mi mujer continuó con la relación y así conocí a Ramón. Hemos mantenido, desde entonces, un entrañable vínculo que espero perdure muchos años.

Arropado con estos pensamientos y sentimientos continuamos la marcha por una carretera empinada, vacía y silenciosa, en la que solo se oían nuestras pisadas cargadas por el peso de nuestras reflexiones.

Llegamos hasta Colombres. El pueblo resplandecía en la oscuridad de sus tenues luces anaranjadas, típicas de los pueblos, que lo envolvía en un ambiente de serena soledad. Buscamos las señales del camino, pero no éramos capaces de encontrarlas. Nos separamos para buscarlas y al rato me encontré con mi amigo que estaba hablando con el conductor de una furgoneta de reparto de pan. Nos indicó el camino, que no estaba bien indicado, que nos condujo cuesta arriba por un precioso sendero. Cuando lo culminamos, coincidía que estaba ya amaneciendo, el cielo comenzaba a clarear, el ganado de los prados se agitaba a nuestro paso, algún gallo anunciaba con su canto el despertar de un nuevo día y así la magia de la noche dejó paso a la visión de un precioso amanecer.

El calor era intenso y ya desde primera hora del amanecer comenzábamos a sudar la camiseta, pero con buen ánimo, un gorrito de ala ancha que nos protegía del sol directo en la cabeza y a la búsqueda continua de las sombras de los árboles que decoraban el camino.

Cada cierto tiempo nos íbamos cruzando con algunos peregrinos por el camino. Algunos iban ligeros, solos y a buen ritmo, que con un ágil gesto con la mano nos saludaban con el mantra del peregrino, «buen Camino». Otras veces te cruzabas con otros más novatos, que se les veía visiblemente más desfallecidos, a menudo parados en alguna sombra, bebiendo agua para reponer fuerzas, con los que igualmente nos saludábamos, «buen Camino», y aprovechaban para darte algo de conversación o preguntar por algún pueblo con bar que pudiera haber cerca.

Quizás lo más difícil era precisamente encontrar pueblos con bares abiertos a las horas a las que los peregrinos suelen desayunar, hacia las diez, ya que madrugábamos mucho y apenas tomábamos un batido, quizás alguna manzana o frutos secos que llevabas en la mochila. En los pueblos, al parecer y por lo que experimentamos, sobre todo si son pueblos pequeños, es difícil encontrar bares que abran antes de las 11h. Así que algunas veces nos tuvimos que conformar con un trago de agua fresca de alguna fuente casi siempre que encontrábamos en las plazas aún dormidas de los pueblos al pasar.

Ya comenzaba a sentir una profunda fatiga, más por la falta de sueño que por el esfuerzo físico, lo que hacía centrar la atención en mi cansancio, sin apenas poder disfrutar del camino.

—Pedro, estoy agotado, anoche dormí muy mal y no sé si es por no haber podido desayunar o el exceso de calor, porque llevamos casi dos horas sudando sin parar. Como no paremos un poco, voy a caer redondo.

—Sí, claro, no te preocupes, ahí un poco más adelante, en esas obras del camino, paramos un momento a reponer energías. Es cierto que el calor que hace no es normal y quizás te puedas estar deshidratando porque es cierto que bebemos muy poca agua para todo lo que sudamos.

Paramos en un claro que encontramos en el camino, donde había unas rocas. Soltamos las mochilas y fue como si nos hubiéramos liberado de todo pesar, sentimos un gran alivio. Sacamos los termos con agua fresca, alguna pieza de fruta y unos frutos secos que compartimos. Al menos yo sentía que necesitaba más descansar que reponer energías, consciente de que ambas cosas eran necesarias, si bien la segunda era más importante que la primera. De hecho, mi amigo, que ya era perro viejo en estas circunstancias, me comentaba:

—Hay que tener cuidado de no descansar demasiado, puesto que enseguida se te empiezan a relajar los músculos y a enfriarse, y luego emprender de nuevo la marcha es mucho más doloroso. Máximo diez minutos de descanso y seguimos la marcha.

—Conforme, necesitaba soltar la mochila al menos durante un momento, que me pesa como si llevara piedras.

—Es también fundamental, siempre que pares, que te sueltes los cordones de las zapatillas, sin quitártelas, para dejar que los pies, que están oprimidos y algo hinchados, recuperen su forma natural y que así pueda circular mejor la sangre. Después, justo antes de reemprender la marcha, nos volvemos a ajustar los cordones, pero sin apretarlos demasiado.

—Gracias por tus sabios consejos, como se nota que eres un profesional del camino.

Y así continuamos nuestra marcha, bajo un sol de justicia. Además, en la última parte de etapa teníamos que ir por la carretera, ya que era el único camino para llegar al albergue situado en Llanes, que además estaba en el centro del pueblo. A pesar de ello, tardamos un buen rato en encontrarlo.

Cuando llegamos, aún no se podía entrar porque estaban limpiando, pero si nos dejaron soltar las mochilas en un rincón del albergue, lo que supuso una auténtica liberación. Aprovechamos mientras tanto para buscar una terracita por ahí cerca y nos sentamos a tomar una buena cerveza.

Contemplaba pasar a los transeúntes en un entorno que parecía completamente ajeno al Camino en el que me sentía asentado. Fue como una repentina vuelta a las sombras de la cueva que describía Platón en su alegoría de la caverna. Me envolvía una especie de sensación de observador de un mundo ficticio que pasaba por delante de mi percepción sensitiva como si de sombras se tratara, manteniendo una luz interior de consciencia real, que era la que reflejaba esas sombras sobre la pantalla del mundo sensible que percibía. Sentía una profunda paz, que poco a poco se iba mezclando con el ajetreo del mundo que observaba.

Al rato volvimos al albergue. Ya se podía entrar y nos asignaron una habitación pequeña con tres literas y seis plazas. En el pasillo había dos cuartos de baño con duchas, una de hombres y otra de mujeres. El ambiente estaba muy cargado, era una mezcla de humedad, sudor, jabón y réflex. Nos duchamos y tras curarnos las rozaduras de los pies y aplicarnos las pomadas correspondientes, como siempre en chanclas, salimos a buscar un bar donde comer algo. Encontramos uno cerca que, aunque estaba abarrotado, pudimos tomar un buen menú del día que repuso nuestras debilitadas energías. Volvimos al albergue a intentar descansar un poco, que mi amigo lo consiguió como siempre sin mayor problema, no así en mi caso, que con el trajín continuo de entrar y salir gente me resultaba imposible descansar, ni si quiera leer un rato.

Así que me fui a la calle, igual que el día anterior en Unquera, a ver si encontraba algún rincón donde descansar. En esta ocasión no tuve tanta suerte, Llanes es una población más urbana y el albergue estaba en el centro de la ciudad, demasiado alejado para ir andando a las playas. No pude más que dar vueltas por la zona y sentarme en una terraza a tomar un café. Me sentía muy cansado y con la angustia de no encontrar ningún lugar tranquilo donde poder relajarme y descansar un poco.

Aceptando las circunstancias como venían, me encontré con mi amigo al salir del albergue. Tras dar un paseo más por el pueblo y comprar algo para cenar, nos volvimos al albergue para preparar la cena. En su afán de localizar otros peregrinos con quien compartir mesa y experiencias del camino, preguntó a varias personas si querían compartir mesa, e incluso se atrevió a invitar a alguna chica a tomar algo por la noche. La gente parecía poco interesada en compartir nada con nadie, se veía a cada uno solitario con su cena, mirando el móvil o consultando algún mapa. Yo lo encontré bastante normal, pues es probablemente lo que yo haría si estuviera solo en un albergue público haciendo el Camino. Es más, me parecía un poco ridículo el andar preguntando a alguien si querían compartir mesa conmigo, pero entiendo que a mi amigo le podía más el deseo de repetir experiencias pasadas del camino, en las que si consiguió formar un grupo de peregrinos con quienes compartir experiencias, opiniones y ambiciones alrededor de una mesa.

Supongo que el motivo de ese individualismo en el albergue se debía en parte al entorno y ambiente que se respiraba. Casi todos eran extranjeros y, como ya he comentado, el albergue se encontraba en el medio de un pueblo grande, más parecido a una ciudad que en la época de verano es muy turística, con mucho tráfico, gente pasando continuamente... nada que pudiera atraer el espíritu del peregrino que reunía a los hermanos alrededor de una mesa.

Sin mucho más que hacer, decidimos acostarnos pronto para intentar madrugar y ponernos en marcha lo antes posible para evitar los calores del mediodía. La noche fue una auténtica pesadilla. Yo estaba agotado por no haber podido dormir apenas la noche anterior, no haber podido descansar echándome la siesta, y tuve la mala suerte de que me tocó encima de mi litera un chico americano cuyos ronquidos, sin acento especial, retumbaban en todo el albergue. Tuve que bajarme al comedor, y tumbado en un sofá de escay, como de plástico, ahí debí conseguir dormir poco más de una hora.

A partir de las cuatro empezaron a aparecer peregrinos que se ponían ya en marcha para evitar el calor del día y ya me tuve que levantar. Salí a la calle a dar una vuelta y aunque estaba agotado, al menos me encontré con mi querida amiga y siempre aliada la noche.

La Luna seguía casi llena y el silencio reinante era reconfortante. Paseando hasta un parque cercano me senté en un banco, puesto que la hierba del césped estaba húmeda por el rocío. Cerré un momento los ojos, con la espalda recta, hice varias respiraciones profundas, y se me relajó todo el cuerpo de forma casi inmediata, ayudado por el silencio de la noche. Así me mantuve en un estado de seminconsciencia, envuelto y arropado por la luz de la Luna y la paz de la noche casi una hora. Hasta que comenzó a despertar la vida, rompiéndose el silencio de la noche con la energía del día. Me levanté, hice unos cuantos estiramientos y me fui al albergue para despertar a mi amigo y reanudar el camino cuanto antes.

SUEÑO ENTRE EL MAR Y LA MONTAÑA

"Del mismo modo que los ríos al desembocar en el océano pierden su individualidad y luego el agua se evapora y retorna a las montañas en forma de lluvia y de nuevo regresa por los ríos al océano, así también los individuos al dormir pierden su individualidad y sin embargo, al despertar, retornan a su individualidad"

Sri Ramana Maharshi

En el comedor común del albergue, donde conseguí descansar no más de una hora en un incómodo sofá plastificado, me encontraba sentado poniéndome las zapatillas y preparando la mochila para afrontar una nueva etapa, que se presentaba dura. Más por el cansancio acumulado que por la falta de sueño o por dolencias físicas, que apenas sentía. Pudimos desayunar algo antes de salir, lo que me permitió coger algo de energía para emprender la marcha.

Aún era de noche cuando salimos dirección a la costa por una carretera local poco iluminada. Al final de esta había un bonito parque con un pequeño puente que cruzaba un riachuelo, tras el que nos encontramos con un bello sendero, rodeado de prados verdes. El aroma a hierba húmeda, excrementos de ganado y una ligera brisa marina fue como una inyección de energía, con la que me obsequiaba la madre Naturaleza, como compadeciéndose de mi fatiga, animándome a seguir adelante con su animoso mensaje: "voy contigo donde-quiera que tú vas"

Era un camino que discurría entre prados verdes y pequeñas lomas que lo iban coronando y, tras las cua-les, se nos presentaban de regalo impresionantes vistas de paisajes relajantes con el mar de fondo que insuflaba de energía una obra maestra de Dios.

Absorto por tanta belleza, apenas sentía el can-sancio y la falta de sueño de las noches previas. Me de-jaba llevar por la corriente de energía que me guiaba por el camino y que me acompañaba a cada paso que daba. Aunque había algunas ligeras pendientes, estas no eran muy abruptas y siempre te presentaban un nuevo regalo cuando las coronabas, con la presentación de una nueva obra maestra viva de la grandeza de Dios a través de la madre Naturaleza.

La conversación de mi amigo, que me iba con-tando un poco de historia sobre el camino, en su ver-tiente física, religiosa y mística, los orígenes del mismo y el negocio económico cultural que se ha montado en torno al mismo, me mantenían centrado en el camino, olvidando los restos de cansancio que aun pudiera al-bergar.

La compañía del mar durante el camino me abrió la mente, me sentía expandido en la belleza del entorno que me rodeaba, sentía la unidad de la Naturaleza en un todo en el que yo estaba incluido como parte funda-mental, observador y creador de esta, como si fuera un sueño.

Pasado el mediodía, cuando el sol se aproximaba a su cénit en sus horas más severas, comenzamos a alejarnos de la costa, despidiéndonos de la galería de bellas obras maestras compartidas en ese tramo del Camino.

Nos dirigimos hacia el interior, a las faldas de las montañas, donde se abrían nuevos senderos arbolados. Un nuevo regalo se nos concedía para poder refrescarnos con las sombras de los frondosos árboles que bordeaban el camino junto con una ligera brisa cálida que soplaba del sur sobre nuestra piel húmeda por el sudor, lo que producía un efecto similar a cuando estás bajo el chorro de un aire acondicionado. Ese efecto era fugaz, pues la sombra daba paso al sol y la sensación entonces era la contraria, como si de repente entraras en una sauna.

Así, caminando por los senderos, con más sombras que luces, gracias a Dios, llegamos a un pueblo llamado Piñeres de Pria. Allí encontramos un bar, con una terraza, que vimos como si fuera un oasis en el desierto después de haber caminado casi seis horas sin descanso, aunque con la reconfortante compañía del Camino, que en cada momento nos fue reconfortando con sus bellas imágenes y mágicas sensaciones.

Desde el pueblo hasta el albergue quedaban unos tres kilómetros, lo que suponía más de media hora de camino, con un sol y calor intensos y ausencia de sendero arbolado, lo que nos obligaría a caminar por una carretera comarcal, en campo abierto, y con el asfalto ya recalentado de todo el día. Buscamos en el pueblo algún taxi y aunque nos indicaron la única parada de taxis que había, después de esperar más de media hora, no venía ninguno, y no podíamos esperar todo el día, así que decidimos seguir la marcha hasta el albergue. Al final del tramo de carretera se abrían varios caminos y, siguiendo las indicaciones de las flechas amarillas que marcaban el lugar donde ir, conseguimos encontrar el albergue.

Teníamos plaza reservada. Una vez allí, pasamos a un pequeño porche con un sombreado jardín, donde encontramos a dos peregrinos, un hombre y una chica, que estaban recién llegados, quitándose las zapatillas para intentar curar las numerosas ampollas y rozaduras que les habían salido. Se les veía bastante agotados. Ellos no tenían reserva en el albergue y les dijeron que solo quedaba una plaza libre, pero que a algo menos de una hora, en la cima de una loma, al lado de la iglesia del pueblo, había otro albergue, que acogían a peregrinos que no tuvieran sitio en este. Era el único sitio que había, pues era una zona bastante despoblada. Mi amigo se compadeció de la pareja de peregrinos que estaban esperando en el albergue un tanto agotados y doloridos y decidimos tras hablarlo dejarles nuestro puesto y seguir nosotros el camino hasta el siguiente albergue.

La pareja de peregrinos se quedó muy agradecida de nuestro generoso gesto de cederles nuestras plazas. Nos despedimos deseándonos buen camino y, si el camino tenía a bien, volver a encontrarnos.

Reiniciamos nuestra marcha hacia el siguiente albergue. Tuvimos que subir una pronunciada loma que, con las horas que llevábamos ya andando, se hizo especialmente dura, aunque como era paso obligado del camino, lo andado hoy ya no tendríamos que volver a andarlo mañana. Se veía en lo alto de la misma una bonita iglesia, con una casa al lado, que debía ser el albergue.

Había un acogedor porche en la entrada con una amplia y larga mesa de madera con bancos a los lados, y al fondo una pequeña mesita con un señor ya entrado en años, bajito, casi calvo con el poco pelo que le quedaba blanco, ojos muy vivos y tez curtida por el aire de la sierra. De trato inicial un poco osco, como casi todos los lugareños tanto en Cantabria como en Asturias, aunque quizás en Asturias resultan algo más abiertos.

Nos pidió los datos, tomó nota en un amplio libro de registros y nos comentó que éramos los segundos que llegaban en el día, por lo que podíamos escoger habitación y literas donde quisiéramos. Nos mostró varias habitaciones, cada una con dos o tres literas, y elegimos una en la primera planta, al fondo, que parecían más alejadas del resto y se supone que más tranquilas. Efectivamente, el albergue estaba vacío aún y era espacioso y acogedor.

Nos duchamos y curamos las heridas o rozaduras de los pies, aplicando las correspondientes cremas relajantes y calmantes, lavamos y tendimos la ropa y nos sentamos un poco en el porche del albergue a descansar. El paisaje era precioso. Al estar en alto, corría una leve brisa de montaña que era como una caricia para nuestros cuerpos aún doloridos, agarrotados y cansados tras la dura etapa del día. Mi amigo me dijo que si bajábamos a comer algo a un bar cercano que nos indicó el casero del albergue, que aunque estaba a no más de diez minutos andando, habría que bajar y luego volver a subir la pronunciada cuesta, aunque ya sin la mochila a cuestas. Mi cansancio y sueño acumulado superaba con creces mi apetito, así que le dije que se fuera él mientras yo aprovechaba para recuperar parte del sueño perdido las noches anteriores.

Así hicimos. Mi amigo se fue a comer y yo me acomodé en la litera de arriba, al lado de un pequeño ventanuco de madera con vistas a una loma abrupta y arbolada que parecía vigilar el valle. Abrí la ventana y enseguida entró la suave brisa de la montaña que me obsequiaba con su fresco aroma de los bosques cercanos, que me sumieron en un profundo y reparador sueño que me pareció eterno, no por su duración si no por la ausencia de tiempo.

Desperté de mi letargo sin ser muy consciente de dónde venía y dónde estaba. Sentí de nuevo una suave brisa entrar en la habitación por el pequeño ventanuco encastrado en un grueso muro de piedra con un grosor de medio metro. La leve ráfaga de corriente de aire que me sacó de mi profundo sueño me avisaba de la próxima llegada de mi amigo de su almuerzo. El silencio reinante era reconfortante, casi no me atrevía a mover-me por no romper el mágico momento que disfrutaba en esa habitación que me parecía más una celda de reti-ro espiritual, por sus gruesas paredes y suelo de piedra, revestidos los techos de viejas maderas y guarecidas con gruesas puertas de roble que se quejaban con su chirrido al paso del peregrino.

Me levanté de la litera de arriba, donde me había recostado, bajé las escaleras y me quedé sentado a los pies de la cama donde había una pequeña silla de made-ra, con una mesita redonda, orientada hacia una doble ventana que se abría a través del grueso muro. Me que-dé absorto observando el bello cuadro de un valle cu-bierto de apretados racimos de pinos que se repartían en grupos organizados, montaña arriba, como escalando la misma en busca de una cima inalcanzable. Permanecí así sentado, no sé cuánto tiempo, pudieron ser cinco minutos o media hora, el tiempo estaba ausente de la escena, salvo por el sonido de una lejana campana que sonaba avisando del próximo inicio de la misa de víspe-ra dominical.

Despertado de mi ensimismamiento, bajé a la planta baja del albergue y comprobé en la parte del la-vadero si la ropa que habíamos limpiado y tendido esta-ba ya seca. Aún estaba húmeda y decidí cambiarla a un tendal que había fuera del lavadero, donde corría un viento del sur que probablemente ayudaría a secar la ropa antes de que cayera la tarde con el rocío, que retra-saría el proceso.

En ese momento llegaba mi amigo de comer. Se disponía a echarse un rato la siesta allí donde yo antes disfrutara de un profundo sueño reparador. Así que yo aproveché para sentarme en la parte de atrás del albergue, donde se encontraba la parte del tendal, un pequeño terreno donde se adivinaba la existencia de un antiguo huerto abandonado hacía tiempo, supongo que por la dificultad de su mantenimiento por la superficie rocosa y los fuertes vientos que soplaban habitualmente a esas alturas.

Me senté a observar el impresionante paisaje abierto a una amplia vista no limitada por un pequeño ventanuco. Un viento azotaba ahora con fuerza el lugar. Me refugié en una esquina del porche apoyado sobre el muro de piedra, contemplando semejante belleza. Saqué mi Kindle, que siempre llevo conmigo, y me puse a leer un rato, alternando mis lecturas de ensayos de textos antiguos, filosofías orientales, místicos cristianos o recientes maestros vivos espirituales, con frecuentes miradas al bello paisaje que me rodeaba, como tratando de unificar mis pensamientos con la armonía de la belleza con que me obsequiaba la madre Naturaleza

Al cabo de un rato comprobé que la ropa ya estaba casi seca y la pasé al tendal que había dentro del lavadero que, al estar cubierto, haría que la ropa quedaba protegida de la humedad que traería consigo el atardecer.

En el porche principal se encontraba el posadero sentado con su libro de registros de entrada, repasando los peregrinos que habían llegado y los que habían reservado y aún estaban por llegar. Se quejaba de que a menudo llama gente para reservar su plaza y luego ni aparecen ni llaman para decir que no van a ir y eso le parecía una falta de respeto a su trabajo, que le molestaba mucho.

Hablando con él me contó que él era de Barcelona y solía estar de posadero en ese albergue desde marzo hasta octubre., Luego se volvía a Barcelona, en la época de frío invierno. Él había sido peregrino durante muchos años y había recorrido muchas veces el Camino de Santiago desde sus diferentes rutas, así que conoce bien las necesidades de los peregrinos cuando llegan a un albergue para descansar y reponer fuerzas antes de reemprender camino a la mañana siguiente. Le pregunté sobre la soledad que habría allí arriba, en lo alto de la montaña, en las épocas fuera de la temporada estival y me confirmó que, efectivamente, hay muchos días en los que no pasa nadie y está completamente solo, pero que estaba acostumbrado. A veces se bajaba al albergue de abajo del pueblo, donde está la otra posadera con su hija, y comparten un poco de conversación y compañía.

Él también era el encargado de mantener y vigilar la iglesia que estaba justo al lado del albergue. Tenía las llaves y debía abrirla los domingo y vísperas para la celebración de los santos oficios. También tenía las llaves del pequeño cementerio que se encontraba en la parte de atrás de la iglesia y de vigilar por su mantenimiento. Le acompañé hasta allí y con gusto me enseñó sus dominios como guardés del patrimonio eclesiástico. Lo hacía con orgullo, como defendiendo una fortaleza que debe ser protegida de supuestos malhechores que no se adivinaban en esos lares.

De vuelta al albergue, tras nuestra ruta turística por sus señoríos, estaban esperando un par de peregrinos más. Casi todos los que le llegaban eran extranjeros y no hablaban español y el posadero no hablaba otra lengua que no fuera el castellano, así que era curioso observar cómo se manejaba con ellos entre gestos y cuatro palabras que se sabía, suficientes para hacerse entender sobre las normas del albergue, horarios …

En el albergue no había cocina, tan solo una máquina de *vending* con alguna bollería industrial, bebidas y frutos secos. Por tanto, la cena había que pedirla de encargo para que la trajera un mensajero desde el pueblo de Prias hasta el albergue.

A la hora de la cena, efectivamente llegó el mensajero con los menús encargados que, aunque sencillos y poco variados, estaban bastante buenos, al menos a mí me lo pareció. También es verdad que yo no había comido más que una manzana cuando me levanté de la siesta, dado que había sacrificado pitanza por sueño y me supo a maná caído del cielo.

La siesta es de esas rutinas que ya hace años incorporé a mi vida y de la que rara vez prescindo. Siempre he tenido la suerte de tener el trabajo cerca de casa de mi madre, en el centro de Madrid, por lo que casi siempre iba a comer con ella, así la veía y hacía compañía y, de paso, me echaba veinte minutos de siesta antes de volver al trabajo por la tarde. Como tengo por costumbre dormir poco por la noche, como ya he comentado anteriormente, la siesta me resulta como un bálsamo para el cuerpo y la mente.

Como estaba diciendo, no me arrepentí en absoluto de haber sacrificado la comida por la siesta, dado que el descanso que me dio esta me resultó mucho más reparador que los nutrientes que me habrían aportado el menú del bar cercano donde almorzó mi amigo.

Cenamos juntos en la terraza con el posadero y otros 4 o 5 peregrinos que entraban y salían. Eran todos extranjeros, menos uno gallego. Había un canadiense, dos belgas y un francés, creo recordar, pero en inglés te entendías bastante bien con todos. Pasamos una agradable velada, cenamos cada uno lo que había encargado o traía en su mochila y, en cuanto anocheció, nos retiramos. En lo alto de aquella montaña, el aire era bastante fresco y se estaba mejor dentro del albergue.

Nos retiramos cada uno a nuestros aposentos a descansar. El albergue tenía como 20 camas disponibles, y solo estaban ocupadas 6, así que en la habitación que compartía con mi amigo estábamos los dos solos, una delicia. Había un silencio envolvente, solo interrumpido por un fuerte viento que dejaba una dulce melodía de las frondosas arboledas cercanas, que con el batir de las hojas creaban un meloso sonido que te arrullaba como una nana entre sus brazos y, al mismo tiempo, te re-

frescaba con una fresca brisa y un aroma embriagador.
Nos acostamos con las ventanas abiertas y con la suave
sinfonía con que nos obsequiaba la naturaleza y tras
algunos pensamientos de gratitud a Dios por sus presentes del día, me quedé profundamente dormido.

QUIETUD BAJO UN MANTO ESTRELLADO

"La vida siempre está llamándonos. Todo nos invita a volver a esto. Todo dice: «escucha y mira, porque lo que estás escuchando es Dios y lo que estás viendo no es sino una expresión de lo divino»

Jeff Foster

Nos levantamos algo más tarde que de costumbre, dado que el silencio reinante y el fresco del amanecer nos invitaron a prolongar un poco más el placentero y sanador sueño que nos tenía cautivos. Aun así, cuando nos levantamos, el día había comenzado a clarear, pero el sol todavía permanecía escondido tras las montañas, era buena hora para ponerse en marcha. Tomamos algún batido que compramos de la máquina de bebidas que había en el albergue y nos pusimos en marcha.

El día se presentaba algo más fresco que los anteriores, quizás porque estábamos aún entre montañas que permitían mantener el frescor de la aurora. Tomamos el sendero que salía del mismo albergue montaña abajo y dirección hacia la costa. Según íbamos bajando, se divisaban extensos y frondosos prados verdes. A pesar de la sequía reinante en toda la costa desde hacía ya varias semanas, esta zona de Asturias se veía mucho más verde que la parte de Cantabria, donde sus habituales prados verdes se habían tornado amarillentos y pajizos. Tendrá mucho que ver la cercanía de la cordillera Cantábrica que abriga las tierras asturianas de los secos vientos del sur, manteniendo la humedad en sus verdes praderas.

Continuamos el camino por un típico sendero del norte, empedrado, pero con hierba en la mediana que decoraba el sendero, como resistiéndose a desaparecer por la pisada constante del caminante. Los senderos nos fueron llevando por el litoral, atravesando bellos pueblos marineros, que desembocaban en bellas playas, aún desiertas a esa hora de la mañana, tan solo transitadas por algunas gaviotas o pequeñas aves de mar, que buscaban comida en la orilla antes de que comenzaran a llegar los bañistas.

Dirección Ribadesella, que sería nuestra siguiente parada, nos encontramos con una chica joven que caminaba con dos bastones a muy buen ritmo. Aceleramos la marcha para acompañarla un rato por el camino y aunque no parecía que le apeteciera mucho compartir camino con nadie, accedió a nuestra compañía, al menos un rato hasta Ribadesella, donde terminaba su camino y volvía de vuelta a Barcelona, lugar de donde venía.

Nos contó que hacía sola el Camino desde hace varios años y siempre lo hacía sola y dedicaba al menos dos semanas de sus vacaciones a hacer sucesivos tramos del camino, hasta que llegara algún año hasta Santiago de Compostela. Hablamos bastante de la banca, dado que los tres trabajábamos en el sector, aunque mi amigo y yo ya jubilados y ella todavía en activo. No parecía muy apasionada por su labor, lo mismo que suele pasarle a casi todos los que trabajan o han trabajado en el sector, pero es cierto que suele ser un trabajo cómodo, con buenas vacaciones y bien retribuido.

Me sorprendió que detrás de un aspecto de mujer fuerte, independiente y autosuficiente, percibí en ella una sensibilidad especial por el Camino en su sentido más personal de viaje interior. Nos contaba que esperaba durante todo el año a que llegara el momento de emprender de nuevo el Camino, como si en él encontrara una conexión interior consigo misma que la permitía encontrar el auténtico descanso en Dios como su guía que la acompañaba donde fuera por el Camino.

Yo pensaba que era una pena vivir dormido, esperando que algo suceda para encontrarse con uno mismo, cuando en verdad estamos con nosotros mismos desde que nacemos hasta que morimos, en el plano terrenal, pero desde la eternidad (ausencia de tiempo), desde el plano espiritual.

Nos ocurre demasiado a menudo que nos empeñamos en poner fechas y objetivos en nuestra vida para poder alcanzar algo anhelado que creemos que nos hará dichosos, pero en verdad cuando lo alcanzamos la dicha es fugaz y enseguida buscamos un nuevo objetivo y fecha en el calendario para nuestra siguiente dosis de felicidad. Es como si fuera una droga, que cuanto más la consumimos, más nos engancha y menos nos satisface. Debemos buscar la felicidad en el camino de la vida, cada día desde que nos despertamos hasta que nos acostamos, conectándonos con Dios (Energía, Universo, Naturaleza…) que siempre está con nosotros donde quiera que vayamos y solo debemos darle permiso para manifestarse, silenciando un poco nuestro ajetreado parloteo mental.

Una técnica que me contó un buen amigo y maestro espiritual, para mantener la conexión con nuestro Yo espiritual y sentirnos más dichosos y en paz durante el día, que a mucha gente le podría resultar de gran utilidad y sencilla aplicación, como es ponerse una alarma de un pitido suave en el móvil o en el reloj y, cuando se escucha, siempre que las circunstancias lo permitan, parar no más de un minuto, cerrar los ojos, hacer una respiración profunda consciente, dirigiendo la atención de nuestra mente a Dios, nuestro Yo Superior, energía interna de nuestro propio cuerpo, sensación de hormigueo…. O cualquier sensación corporal o mental.

Quizás te pueda servir de ayuda la repetición de unas sencillas palabras como: "Descanso en Dios", "Soy tal como Dios me creó", "Soy Espíritu", "La Luz ha llegado", "Soy la Luz del Mundo". Estas sencillas palabras tienen una fuerza y efecto especial en nuestra mente cuando las pronunciamos o pensamos lenta y conscientemente. Están escogidas de un libro llamado *Un curso de milagros*, que me parece una obra maestra de la espiritualidad del nuevo siglo XXI.

Continuamos nuestro camino juntos, comentando cuestiones relacionadas con el mundo financiero, el papel que juegan los bancos en la economía real, hasta qué punto los intereses financieros de las entidades están por encima de las necesidades reales de la sociedad en cada momento etc. Entretenidos con la conversación, llegamos hasta Ribadesella, preciosa villa marinera situada en la desembocadura del río Sella, que vierte sus aguas en el mar cantábrico.

Era una buena hora para desayunar y ofrecimos nuestra invitación y compañía a nuestra nueva acompañante peregrina, pero rechazó amablemente la invitación, aduciendo a que tenía que coger un autobús de vuelta y tenía que mirar bien los horarios en la estación. Nos pareció una excusa, parecía un poco reservada, y al menos a mí me dio la impresión de que prefería seguir el Camino en solitario. Hecho que respeto absolutamente, pues yo mismo creo que en la soledad y el silencio de nuestro propio ser, podemos encontrar más fácilmente nuestro camino interior.

Nos despedimos de la peregrina, que siguió su marcha con los dos bastones a un ritmo bastante más rápido que el que llevábamos nosotros. Enseguida la perdimos de vista entre las callejuelas del pueblo. Encontramos una cafetería con buena pinta casi en la entrada de la localidad y no dudamos en entrar. Soltamos las pesadas mochilas y disfrutamos de un buen desayuno, que nos levantó el ánimo y nos dio nuevas energías para continuar hasta el albergue.

Cruzamos el pueblo y llegamos hasta un amplio y largo paseo marítimo, bordeado de imponentes villas señoriales orientadas a un impresionante mar Cantábrico, que parecía que acogiera con cariño maternal la llegada del río Sella, que nos saludaba a nuestro paso.

Aún no era mediodía y se veía cierto tráfico de personas andando por el paseo, haciendo ejercicio, en bici, patines, *running*, paseando al perro... Se sentía una gran energía en el ambiente en un entorno veraniego y vacacional, con gestos sonrientes y relajados, que invitaban al saludo cordial al pasar. «Buenos días, buen Camino...»

Seguimos caminando hasta el final del paseo marítimo y, a partir de ahí, el camino nos desvió hacia una carretera comarcal, de la que salía de repente un estrecho sendero. El sendero era muy frondoso con todo tipo de variedades de árboles a ambos lados, que apenas dejaban pasar el sol. En él nos encontramos con varios peregrinos, con quienes intercambiábamos unas palabras al pasar, deseándonos buen Camino.

Me llamó la atención especialmente un peregrino con el que nos cruzamos, si es que era un peregrino, que no contestó al saludo, cosa extraña, pues incluso los extranjeros con los que te cruzas, siempre te dicen Buen Camino, que a menudo son las únicas palabras que conocen de la lengua de Cervantes.

El peregrino o asceta, no estoy muy seguro lo que era, llevaba una pequeña mochila, iba con un pantalón corto y una camiseta de tirantes, unas chanclas medio rotas, con la piel muy curtida por el sol y marchaba a buen ritmo, pero despistado mirando el entorno, como si no le importara mucho dónde iba. Sentí una extraña energía que desprendía al pasar, no la calificaría de buena ni mala, solo de diferente, extraña, poco conocida para mí. Pero, en fin, siguió su camino a ninguna parte y probablemente estaba más metido en un viaje interior que un camino físico.

Seguimos por el sendero, pasamos varias lomas, atravesando prados y cultivos, convenientemente vallados, hasta aproximarnos de nuevo a la línea de costa, desde la que se divisaba un esplendoroso mar en calma. Según nos aproximamos a la playa por una pronunciada cuesta entramos como en una especie de túnel natural formado por las frondosas zarzas que crecían desordenadamente a ambos lados del camino, para salir a un amplio prado que daba acceso directo a la playa. Por el prado ya se veía diversos grupos de personas, unos tomando el sol, otros con mesitas montadas y sillas alrededor, tomándose unas cervezas. Había oros grupos de jóvenes peregrinos que habían formado un círculo con las mochilas y estaban sentados descansando y tomando algo para reponer fuerzas.

Parecía muy animados, tanto los prados cercanos como la playa y el pequeño malecón, que recorría el borde del arenal hasta finalizar en unas casitas al fondo, donde se suponía que debía de estar el albergue que habíamos reservado para esa noche.

Llegamos al final del paseo, repleto de casetas de deportes de agua, puestos de helados, chiringuitos de playa… con un creciente flujo de gente que se acercaba a la costa en un caluroso fin de semana de julio.

Llegamos hasta el albergue y aún estaba cerrado, con varios peregrinos esperando la inminente apertura. El albergue estaba bastante bien, tenía un amplio porche con una gran mesa en el centro y bancos corridos a los lados. A continuación de este había una pila para lavar la ropa y también disponía de un largo tendal entre dos hermosos árboles.

El albergue era un chalet antiguo, con un amplio jardín y el porche que daba entrada a la vivienda. Nada más entrar había una amplia cocina, con horno, cafetera y fogones para cocinar. Estaba bastante bien acondicionado. Al fondo de la cocina estaba la mesita de registro de peregrinos con la casera, que tomaba nota de todo el que llegaba. Nos registramos y nos acomodamos en nuestras literas. El dormitorio, único, era como un barracón con al menos 20 literas y un solo cuarto de baño con una ducha para hombres y otro para mujeres. Aunque los peregrinos íbamos llegando de forma escalonada, había que esperar un buen rato para coger la vez y poder ducharte, ya que el albergue estaba bastante lleno.

Tras esperar nuestro turno para la ducha, con un continuo ir y venir de peregrinos con las mochilas, finalmente nos pudimos asear. Lavamos la ropa y la tendimos en el jardín y el porche que precedía a la entrada del albergue. En un momento se llenaron los tendales de ropa. Me resultaba gracioso el escenario de numerosos peregrinos sentados alrededor de una amplia y larga mesa, unos consultando mapas, otro compartiendo anécdotas con el de al lado, otro comiendo algo como almuerzo…

El sonido de fondo era multilingüístico, se podía escuchar francés, inglés, alemán, italiano, español… Todo rodeado de un variado y multicolor tendal con ropa secándose con unos tímidos rayos de sol que se colaban entre las nubes en un día más bien nublado.

Salimos del albergue en busca de algún bar o cafetería donde poder tomarnos un menú del día o algunas raciones que nos repusieran un poco de la pérdida de energías dejadas por el camino.

Tras salir de la urbanización de chalets donde estaba el albergue nos dirigimos hacia una pequeña zona comercial, donde nos dijeron que estaba el único bar de la zona residencial. El pueblo estaba bastante más lejos como para ir andando, después del cansancio acumulado.

Como llegamos relativamente pronto, pudimos encontrar una mesita en una esquina de un patio, donde había varias mesas repartidas aleatoriamente, con bastantes comensales ocupándolas. Tuvimos suerte, ya que el calor era intenso y la mesa que quedaba libre, aunque era pequeña, estaba en una esquina cerca de la entrada, debajo de un frondoso castaño, que nos permitió disfrutar del frescor de la ligera brisa que corría de vez en cuando. Comimos el menú del día, que estaba bastante decente y en cuanto terminamos, nos volvimos hacia el albergue.

Al salir del bar, nos cogió una fuerte tormenta de verano, que provocó un gracioso ajetreo de los transeúntes y bañistas que estaban en la playa, en busca de refugio debajo de algún tejado o árbol cercano. También se veían algunos que no parecía que el agua les molestara lo más mínimo, sino todo lo contrario, que disfrutaban caminando tranquilamente, refrescándose con una lluvia que parecía una bendición que agradecer al cielo, más que algo de lo que refugiarse, después de los numerosos días de intenso calor que veníamos padeciendo.

Llegamos al albergue y ya se encontraba lleno, no quedaban literas libres y se respiraba un ambiente de descanso. Casi todos los presentes estaban tumbados en una cama. Unos, durmiendo; otros, leyendo o mirando el móvil, pero todos respetando el ambiente de silencio y semipenumbra que reinaba en el barracón, solo alterado por el sonoro chirrido de las bisagras oxidadas de la vieja puerta de entrada al barracón. Pudimos descansar un buen rato, y reponernos un poco del cansancio de la agotadora jornada.

Cuando me levanté de la siesta, con ánimo de acercarme a la playa, que estaba apenas 200 metros del albergue, resultó que estaba lloviendo. No parecía una tormenta de verano, sino más bien una lluvia persistente, con el cielo bastante cerrado. Se había levantado un viento asturiano húmedo y fresco que presagiaba un cambio de tiempo, pero al final no duró mucho y los días siguientes continuó predominando el calor

Dado que no podríamos salir a dar un paseo, nos quedamos en el porche del albergue, junto con varios peregrinos, que se encontraban en la misma situación. Había un padre separado con su hija adolescente que, según nos contó, contrariando a su padre, como si de un gran secreto se tratase, la había obligado a hacer el Camino en contra de su voluntad. Estaba bastante disgustada con la experiencia. Era totalmente comprensible, puesto que se veía rodeada de gente mayor con la que no tenía ninguna afinidad; con su padre, con quien tampoco parecía llevarse demasiado bien y veía la situación como si fuera un castigo. Pobrecilla, se la veía que no lo estaba pasando muy bien. Yo como soy bastante niñero y, de hecho, creo que me congenio a veces mejor con los niños, adolescentes y animales que con las personas, en términos generales, estuve charlando con ella y haciéndola reír un rato, con la mirada siempre vigilante y un poco celosa de su padre.

También había un paisano de Jaén, que ahora vivía en Sevilla, con un cerrado acento andaluz. Era bastante simpático, como casi todos los andaluces, con quien nos echamos unas risas. Era maestro de conservatorio en Sevilla y estaba especializado en afinar pianos para grandes conciertos de música clásica. Tenía bastante demanda de concertistas.

Según nos contó era bastante bueno en lo suyo, llevaba muchos años de profesión, tendría unos cincuenta años y le gustaba mucho lo que hacía. Nos enteramos también de que estaba separado, creo que, sin hijos, al menos no los mencionó, y era un ligón empedernido. De hecho, durante el camino, coincidió en un albergue con una chica joven de Suiza, con quien estuvo varios días haciendo el camino y con quien tenía esperanzas de triunfar, a pesar de no manejarse demasiado bien con su idioma. Parece que las intenciones de la joven suiza no eran las mismas y, de hecho, cuando llegamos al albergue, observé que se juntó con un grupo de jóvenes suizos o belgas, con quienes no tuvo problemas de comunicación y socializó con facilidad. Estaba claro, al ver la situación, que la joven peregrina no es que tuviera especial interés por el grupo de jóvenes compatriotas, sino que más bien lo que buscaba era quitarse de encima al señor andaluz con el que se empezaba a sentir algo incómoda después de intuir sus intenciones. El pobre andaluz se quedó compuesto y sin pareja, se dio cuenta de la situación y se echó a un lado educadamente.

El jienense, cuando se quitó las zapatillas, vi que tenía unas tremendas ampollas en los dedos de los pies, que había cometido el error de cortárselas con unas tijeras en vez de pincharlas para que saliera el líquido y dejarlas como estaban, de forma que se le quedaron unas buenas heridas abiertas que estaba intentando curarse como podía.

Sentí lastima por él y me ofrecí para ayudarle en la cura, o al menos ofrecerle algunas tiritas y gasas con las que poder proteger la piel para las siguientes dos jornadas que aún nos quedaban para llegar a Gijón, que se presentaban duras. Yo le recomendé que se limpiara bien las heridas, con algún desinfectante, y que, a ser posible, durante la noche, las dejara al aire, para que se secaran lo más posible. Aunque en una sola noche no daría tiempo a que se curasen, pero estarían mejor al día siguiente.

En el grupo de peregrinos también se encontraba una pareja joven de amigos de Zaragoza, también muy simpáticos y antagónicos. Eran amigos desde niños y decidieron hacer juntos el camino, al menos una parte, una semana, igual que nosotros, para ver qué tal era la experiencia. Uno de ellos era más alto, delgado y atlético, con mucha gracia al hablar con un cerrado acento maño, y, el otro, todo lo contrario, bajito, rellenito, moreno con gafas y poco charlatán.

Es curioso ver cómo personas tan aparentemente diferentes resulta que luego son muy buenos amigos y congenian tan bien. Esto ocurre con mucha frecuencia en la vida, observo que la complementariedad es más atractiva que la igualdad que tiende a chocar y repeler la energía interna de las personas.

A última hora de la tarde también llegaron al albergue dos hermanas suizas muy simpáticas. La mayor era quizás la más atractiva. Era muy alta, morena con duras facciones de tipo nórdico y resuelta. Se la veía con experiencia de la vida. Nos dijo que ya había hecho varias veces el Camino y se manejaba bastante bien con el español. La hermana pequeña, en cambio, era más tímida, no sabía nada de español y su hermana le hacía continuamente de interprete hablando entre ellas en alemán, pero era muy risueña y simpática, se reía por todo, aunque no entendiera de lo que se estaba hablando.

La conversación era divertida porque intentábamos hablar en inglés, pero los maños y el jienense no hablaban demasiado bien en dicha lengua, así que hablábamos una mezcla de español e inglés, que resultaba muy gracioso. Al final, y dado que la hermana mayor hablaba español bastante mejor que nosotros inglés, casi toda la conversación se desarrollaba en nuestra lengua por lo que le iba haciendo traducción simultánea a su hermana pequeña, que se tronchaba de risa.

Así pasamos una tarde bastante amena. Después, decidimos acercarnos a un ultramarinos que había cerca, antes de que cerrara, para comprar algo y cenar todos juntos en el albergue. Había parado de llover, ya era tarde, pero en el mes de julio anochece bastante tarde y todavía nos dio tiempo a darnos un paseo tranquilo hacia el pueblo.

Yo aproveché para acercarme a mi querido mar, que siempre me proporcionaba energía y paz, y allí me quedé contemplando los últimos resplandores del día que, tras una tarde lluviosa, dejó una atmósfera limpia, fresca, con un cielo que empezaba a despejar descubriendo su lucero del alba.

El escenario parecía mágico, sentía como si me volviera transparente y me atravesara todo cuanto percibía en forma de energía, Me sentí uno con la vida que despedía otro día con una orquesta de sonidos de aves mezcladas con el arrullo del mar, el silbido de la brisa costera que arrastraba el profundo y penetrante olor a mar y hierba mojada. Todo ello adornado por una bella cúpula de cielo decorado con restos de nubes de tormenta que se alejaban y daban paso al inicio del mayor espectáculo que puede captar el ojo humano, un impresionante cielo estrellado, cuya energía y profundidad nos revela una pequeña parte de nuestra verdadera naturaleza.

Tras hacer la compra, volvimos al albergue para compartir la cena con nuestros nuevos amigos y compañeros peregrinos. Cada uno sacó lo que tenía y compartimos una muy agradable velada, entre risas, historias curiosas, anécdotas del camino y algunas confidencias que alguno quiso compartir con el resto y que probablemente les sirvió al desahogo psicológico con sus amigos del camino.

Lo bueno de estas situaciones, que es algo que también aprendí y valoré especialmente en el camino, es que te liberas con facilidad de tu ego personal, en la medida de que como no tienes un rol preestablecido, pues nadie te conoce, ni tú los conoces a ellos, e incluso es posible que a la mayoría no los vuelvas a ver en tu vida, la relación entre los peregrinos es especial. Se establece una comunicación de peregrino a peregrino, con el Camino como punto de encuentro, como alma compartida de la relación que nos une, que te permite comunicarte de alma a alma, como se dice en el saludo o despedida en la sociedad espiritual india Namasté. Es un saludo de alma a alma, reconociendo la pertenencia de ambas a un ser superior que gobierna el ser. De dónde venimos, a dónde vamos, por quien estamos aquí y del mundo que formamos parte. Se genera un ambiente de hermandad del peregrino que, basado en lo que he comentado sobre el anonimato que protege el ego, terminas por liberarte de él y, sin darte cuenta, estableces una conexión más de ser a ser, más profunda, sincera, sin apariencias, limpia y despejada, como el atardecer que unas horas antes despedía el día y daba la bienvenida a la noche, como preludio de la nueva conexión espiritual que estaba por llegar.

A pesar de la gran cantidad de peregrinos que estaban durmiendo en el barracón del albergue, seríamos unos 40, la noche estuvo bastante tranquila, con una calma suficiente para poder conciliar el sueño sin sobresaltos nocturnos, como pudieras ser ronquidos, sueños en voz alta, chirridos de literas…

LA NOCHE QUE PRECEDE AL DÍA

Cada vez que se produce una muerte, cada vez que una forma de vida se desvanece, Dios, el informe e in manifestado, brilla a través de la abertura dejada por la forma disuelta. Por eso lo más sagrado de la vida es la muerte. Por eso la paz de Dios puede llegar hasta ti en la contemplación y en la aceptación de la muerte"

Eckhart Tolle

Como siempre, yo me levanté muy pronto, pero con la sensación de haber descansado bastante bien. Era noche cerrada. Salí al porche del albergue, donde se respiraba un aire fresco y húmedo, testigo de la tarde lluviosa anterior. El cielo estaba despejado y reinaba un silencio que me envolvía en una profunda paz interior, con la música de fondo del mar que parecía arrullar la noche con la siempre vigilante luna menguante y resplandor de las estrellas.

Ya desde hace más de veinte años, con la llamada crisis de los 40, decidí que tenía que hacer ejercicio todos los días y, como tenía que salir pronto de casa para ir a trabajar y solía volver tarde por la noche, la única forma era sacrificar alguna hora de sueño, procurando acostarme antes, y así poder seguir mis rutinas diarias de lectura, asanas (estiramientos), meditación, pranayamas (respiración), y por último 30-40 minutos de carrera. Para ello tenía que levantarme entre las cinco y seis de la mañana. Me ponía el despertador a diario y los primeros días se me hizo un poco duro el madrugón pero, poco a poco, con el tiempo, mi mente se fue acostumbrando y pronto llegó un momento en que siempre me despertaba antes de que sonara el despertador, a veces unos segundos antes. Es increíble la capacidad que llega a tener la mente de adaptarse a las nuevas rutinas. Desde entonces no he vuelto a necesitar ningún tipo de alarma para despertarme, aunque a veces por precaución me lo ponga, mi mente es mi mejor y más suave y dulce alarma de que hay que despertar para dar la bienvenida a un nuevo día.

Ahora me encanta despertarme pronto, aunque tenga tiempo de sobra sin obligaciones puntuales que atender. Las horas previas al amanecer son las más tranquilas del día, tanto por la ausencia de ruidos externos que te distraigan como por la profunda quietud que, al menos yo, siento en mi mente y espíritu. Doy gracias a Dios, en cuanto despierto, y eso de alguna manera me hace ponerme en contacto con mi yo espiritual. Así me mantengo, siguiendo mis rutinas diarias, hasta en lo referente al ejercicio que hago, porque no puedo evitar establecer un mayor contacto con el mundo físico, olvidando un poco ese momento intermedio entre el sueño profundo y la activa vigilia.

Después de permanecer un buen rato en el porche del albergue, ensimismado con las percepciones nocturnas, que se confundían con un bello sueño, pasé dentro del albergue, ya que empezaba a refrescar.

En la sala contigua al barracón donde estaba la cocina, a diferencia de anteriores albergues, había abundancia de café, galletas y bollería para desayunar. Todo un lujo, acostumbrados a salir a coger el camino con el estómago vacío la mayor parte de los días. Desayuné en un absoluto mutismo, como me gusta hacer todo a esas horas, en las que el silencio reina en el ambiente y parece una muralla infranqueable imposible de romper si se quiere mantener el hechizo de la noche. Leí un buen rato, hasta que comenzaron a desfilar los primeros peregrinos por la cocina, con aspecto de recién levantados y pocas palabras para intercambiar, más allá de un cordial buenos días o *Good morning…*.

Así se fueron haciendo visibles, poco a poco, los más madrugadores. Todavía era de noche, pero empezaba a clarear un cielo azul y limpio, con intenciones de dejar paso a un sol justiciero que parecía presagiar otro día caluroso. Mientras nos íbamos preparando para afrontar la nueva jornada, comenzaron a aparecer en varios peregrinos las consecuencias de las largas marchas de días precedentes.

Nuestro amigo, el músico jienense, empezó a intentar proteger bien las heridas abiertas que tenía en los pies, por no habérselas curado bien. Se aplicó diversas pomadas y se puso varias tiritas entre los dedos y como buenamente pudo se metió el calcetín y las zapatillas tan doloridas como los pies. Se acercó a mí, con cierta vergüenza y me preguntó si podía acompañarnos en el camino al menos esta etapa. Estaba haciendo el camino solo y le daba miedo no poder seguir por el intenso dolor en los pies y quedarse tirado. Le contesté, sin preguntar a mi amigo, que por supuesto que podía venir con nosotros. Me dio mucha pena el pobre profesor de música, separado, rechazado por una joven suiza, dolorido y solo en el camino. Se lo comenté posteriormente a mi amigo y no puso ninguna pega, como ya presuponía.

En situación parecida se encontraba la joven suiza expretendida de nuestro músico andaluz, que cuando se empezó a poner las zapatillas, notó un fuerte dolor en uno de los gemelos. Se estuvo dando un masaje y se aplicó una venda elástica, pero no tenía buena pinta. Yo no quise desanimarla, pero en caso de tratarse de una distensión muscular, andar solo podía empeorar la lesión, con pocas posibilidades de aguantar una dura jornada, con fuertes pendientes, y más de seis horas de marcha.

Los dos peregrinos de Zaragoza se compadecieron de ella, que también peregrinaba en soledad, y le ofrecieron acompañarla en el camino. Todo un gesto de caballerosidad como buenos maños compatriotas, que no la mostraron los jóvenes extranjeros con los que departió la noche anterior. Una enseñanza más del Camino, recibimos lo que damos y damos lo que recibimos.

Fuimos saliendo en pequeños grupos, parejas o en solitario del albergue, deseándonos buen camino y emplazándonos para más adelante o en la siguiente parada, prevista en Villaviciosa.

Aunque comenzamos a caminar despacio por mantener el ritmo inicial de nuestro nuevo acompañante, enseguida fuimos cogiendo buen ritmo. Él andaba con bastones, que le servían bastante de ayuda, sobre todo teniendo los pies tan magullados. Llevábamos media hora de camino, cuando nos encontramos parados en un banco a los maños con la suiza, que parecía que había ido a peor su lesión, aunque no pensé que durara tan poco. Estaban esperando un taxi o autobús que la recogiera para volver a la población más cercana e iniciar el camino de vuelta a casa; para ella se había terminado el camino.

Ofrecimos nuestra ayuda pero nos dijeron que siguiéramos, que ya se quedaban ellos acompañándola hasta que llegara el transporte. Noté como la suiza miró con cierta vergüenza al jienense, al que rechazó de forma un poco brusca y maleducada, al igual que a nosotros con cierto sentimiento de culpabilidad. Pero bueno, nos despedimos deseándole buen camino de vuelta a casa y seguimos nuestro camino.

Continuamos nuestra marcha con buen ritmo. El profesor, a pesar de sus heridas, iba bastante bien, sobre todo cuando era cuesta arriba, en las que mi amigo se quedaba más atrás. Aunque había hecho muchas veces el camino, nos contaba que los otros caminos que había hecho otros años eran más lisos, no tenían tanta montaña ni pendientes. Además, era fumador y eso también se notaba en las cuestas. En cambio, cuando tocaba bajar cuestas, iba bastante rápido, más que el jienense y yo, que estábamos con las rodillas un poco resentidas.

Empezó a apretar el calor a partir de las once. Menos mal que el camino nos llevó por senderos frondosos y arbolados que nos permitían guarecernos de los intensos rayos de sol, aunque el calor era sofocante. No corría ni una brizna de aire. Así seguimos caminando, a ratos charlando, otras en silencio. Yo aprovechaba que teníamos compañero de camino, que como a todo buen andaluz también le gustaba el charloteo, y me quedaba un poco más atrás, con la excusa de que me molestaba la rodilla, que también era cierto, y así podía seguir el camino en silencio que era como me sentía más integrado en la doble senda física e interior, y que también me ayudaba para agudizar más las percepciones sensitivas con la menor distracción posible de la actividad mental.

Los caminos que fuimos recorriendo eran forestales, más alejados de la costa que las etapas previas y esto se notaba en el ambiente. Se sentía más humedad y menos brisa marina, por lo que la sensación de bochorno era intensa. Fuimos pasando por distintas poblaciones asturianas con escaso movimiento de paisanos ni vehículos y seguimos camino. En este tramo, el camino iba como serpenteando la autovía A-8, pero siguiendo la misma dirección, por lo que la armonía de los bellos paisajes asturianos se veía interrumpida por un constante rugido que, aunque parecía el mar, era el rugir de los motores de vehículos que pasaban veloces a lo largo de la autovía. Y así, sin mayores sobresaltos, nos aproximamos a nuestro siguiente fin de etapa en Villaviciosa.

De esta manera, recorriendo un tramo final de carretera comarcal y pasando por algunas naves industriales, llegamos a Villaviciosa. El profesor no tenía ninguna reserva hecha para la noche, pero con algunas llamadas consiguió sitio en el mismo hostal que nosotros, que además estaba a la entrada del pueblo, lo que fue un alivio, poder soltar los pesados macutos lo antes posible. Quedamos en darnos una ducha y quedar después para tomar una cervecita y descansar un poco. El calor era infernal.

El pueblo de Villaviciosa es un típico pueblo entre rural y urbano. Tiene una población de 14.800 habitantes, así que se nota bastante actividad comercial e industrial. Limita al norte con el mar Cantábrico, aunque este estaba a unos tres kilómetros del pueblo en sí, por lo que no tuvimos ocasión, ni ganas, de recorrer esa distancia para verlo después de la intensa caminata del día. Al este limita con Colunga y al oeste con el municipio de Gijón, que sería nuestra última etapa del camino.

La población está en un valle y el aire no tiene mucho movimiento, por lo que el ambiente resultaba bochornoso. No parecía un típico pueblo asturiano. Era más parecido a una pequeña ciudad, con aceras estrechas, calles concurridas de vehículos y algún parque pequeño, como recordando la cercanía de la frondosa naturaleza que rodeaba la población. Tenía también, como casi todas las pequeñas ciudades, una zona antigua peatonal, de paso estrecho y adoquinado, rodeado de casas antiguas, algún hotel y una pequeña iglesia, vestigios de un pequeño pueblo marinero que fuera origen de la actual población, que parecía haberse engullido la esencia rural de una bella y tranquila villa asturiana.

Después de asearnos dimos un paseo por el pueblo, ya aligerados de nuestra pesada carga, y tampoco descubrimos nada especialmente atractivo, salvo el mencionado barrio antiguo, con escasa actividad a esas horas, y donde la estrechez de sus callejuelas y el intenso calor no hacían demasiado agradable de pasear. Volvimos por tanto al hostal y en los bajos del mismo, donde había varias terrazas, bares y restaurantes, nos sentamos y disfrutamos de una buena y fresca cerveza, que nos supo a gloria.

El profesor nos dijo que estaba demasiado cansado para comer con nosotros y que prefería descansar un rato en el hostal. Después ya tomaría algo. Así que, tras acabar las cervezas, un poco mareados ya, él se fue a dormir y mi amigo y yo buscamos un sitio donde comer. Como suele ocurrir en estas ocasiones, estuvimos dando una amplia vuelta por todo el pueblo, que con el calor que hacía tampoco fuimos muy lejos, y volvimos al sitio de partida, al hostal, donde comprobamos que era de las zonas con más restauración de todo el pueblo. Nos metimos en un bar con más o menos buena pinta.

Además, ya se sabe que, en caso de duda, siempre es mejor entrar en lugares más concurridos, puesto que la ley de oferta y demanda de mercado no se suele equivocar y lo normal es que sea donde mejor te den de comer por un precio más asequible. Y efectivamente así fue, pedimos unos menús del día, que estaban bastante bien, y disfrutamos de una buena comida.

Estando en el bar, de repente vimos entrar a la pareja de amigos de Zaragoza, que iban a comer en el mismo bar. Nos hizo mucha ilusión verlos. Les preguntamos qué planes tenían y nos contaron que tenían un albergue reservado a unos cinco kilómetros de allí, dirección Gijón, pero que el calor era demasiado fuerte para seguir el camino y habían decidido parar a comer en Villaviciosa, echarse la siesta en algún parque debajo de un árbol y seguir luego el camino hasta el albergue. Bendita juventud, les dijimos, nosotros ya somos mayores para esos planes, igual 20 o 30 años atrás, podríamos haber compartido el mismo propósito, pero a estas alturas de la vida el cuerpo ya no descansa igual en un prado debajo de un árbol que en una mullida cama, al menos el mío. También les preguntamos por la peregrina suiza con la que les dejamos a la salida de Ribadesella y nos dijeron que estuvieron esperando hasta que pasó un autobús que la llevó hasta Gijón. Luego hablaron después con ella y, efectivamente llegó a Gijón. Dormiría allí y emprendería camino de vuelta a casa cuanto antes.

Nos retiramos al hostal a descansar un poco y, al cabo de una hora de intentar dormir sin conseguirlo por el intenso calor, decidí salir a dar una vuelta y, sobre todo, ver si conseguía encontrar alguna sombra en el parque que había enfrente del hostal, donde alguna leve brisa pudiera aliviar el bochorno asfixiante. Al salir del hostal observé como efectivamente allí estaban los dos peregrinos maños, tirados debajo de un frondoso árbol, recostados en sus macutos y echándose la siesta planeada. Me hizo mucha gracia la escena. Aunque parecía un buen recurso contra el calor, puesto que en el parque había varios grupos de gentes, niños, jóvenes, abuelos… repartidos por él intentando sofocar el bochorno reinante. Aunque no estoy seguro de si estaban dormidos, tampoco quise molestarles con mi presencia y les dejé tranquilos.

Comencé a caminar por donde el sol no ardía las calles y en mi camino vi un termómetro a la sombra que marcaba 39ºC, fiel reflejo del bochorno que reinaba en el ambiente, dejando un espeso aire a duras penas respirable. De hecho, era el único tema de conversación que se escuchaba comentar a los escasos paisanos que se veían por el pueblo, no estaban ni mucho menos acostumbrados a soportar una ola de calor semejante.

En las noticias de la noche ya comentaron que era una situación muy atípica, no solo en el norte de España, sino también el resto del país y en buena parte del continente europeo. Así que seguí con mi paseo. Pero después de ver el termómetro y la escasez de transeúntes, decidí darme la vuelta y volver hacia el parque en frente del hostal, donde me pareció que sería de los lugares más cercanos y fresquitos del pueblo.

Cuando llegué al parque elegí un banco que le diera la sombra, y que no estuviera demasiado concurrido, donde poder sentarme un rato, estar tranquilo y, si acaso, conseguir disfrutar de alguna perdida ráfaga de aire que la naturaleza quisiera regalarme.

Encontré un banco más o menos solitario, bajo un frondoso sauce llorón, cerca de una pequeña fuente que, aunque fuera por su sonido, parecía que refrescaba algo el ambiente o, al menos, mis sentidos auditivos. Estaba sentado tranquilo, sufriendo un intenso bochorno, que de vez en cuando se aliviaba con suaves brisas que agitaban las hojas de los árboles, creando un sonido que, junto con el producía el agua, creaba una melodía suave y fresca que me penetraba no solo por el oído, sino que me traspasaba como una energía viva que me refrescaba el alma.

De repente me sacó de mi estado de semiconsciencia una pareja de señoras, muy bien arregladas, una bastante mayor con un bastón y muy buena facha, que me recordó mucho a mi difunta madre en sus últimos años de vida, cuando aún se paseaba desde casa a la parroquia por el barrio, saludando a los transeúntes que conocía. La otra señora era más joven, podría ser su hija o sobrina, también con buena planta, pero vestida más informal. Se dirigió a mí pidiéndome permiso para compartir el banco, dado que era el único que estaba arropado por una buena sombra. Por supuesto que les pedí que se sentaran a mi lado, encantado de compartirlo con tan grata compañía. La señora mayor, como suele ocurrir con los niños, era más habladora y se le veía con ganas de interactuar conmigo. En cambio, la otra se le veía algo más recelosa, o quizás más ensimismada con sus pensamientos incesantes que todos a menudo tenemos en la mente y cuyo continuo ruido no siempre es fácil acallar.

La pobre señora mayor, calculo que tendría entorno a los noventa años, se quejaba del calor tan sofocante que hacía, que no se había experimentado en el pueblo en muchos años, que ella recordara. Se le veía ciertamente sofocada, perfectamente arreglada, bien erguida, aguantando estoicamente el intenso calor que reinaba en el lugar. Yo con intención de intentar desviar un poco la atención sobre el calor, que parecía el principal tema de conversación de todo el mundo, comenté que ya había pasado lo peor de la ola de calor y que pronto refrescaría.

—Dios te oiga, hijo, porque si no para un poco, más de una igual anticipamos nuestra partida al otro mundo.

—No diga eso, señora, se la ve estupendamente. Usted debe ser de la edad de mi madre, me recuerda mucho a ella, tenía una salud estupenda, aunque la demencia acabó por llevarla al cielo, aunque al menos sin el sufrimiento mental de sus limitaciones físicas.

—Ay, hijo, yo ya tengo noventaicuatro años y me encuentro muy cansada. Además, estos calores pueden conmigo. Dios quiera que pasen pronto.

—No se preocupe, pasará pronto. ¿No siente cómo ha cambiado un poco el viento? Se nota que ha rolado un poco al gallego, se nota algo más fresco y húmedo. Aunque aquí no se note mucho, porque estamos como en una vaguada, yo que vengo de Cantabria porque estoy haciendo el Camino de Santiago, he sentido este cambio cuando caminábamos por la costa.

— ¡Qué bien, hijo!, así que eres un peregrino. Te deseo muy buen camino, ¿desde dónde vienes?

—Vengo desde Comillas, en Cantabria, una pequeña villa marinera, que igual ha oído hablar de ella. Estaba yo tan tranquilo allí, pasando una temporada, dado que me han prejubilado recientemente, y vino un amigo a visitarme que pasaba por allí porque estaba haciendo el camino. Me animé a acompañarle un par de días para tener la experiencia, pero al final nos hemos liado, y llevamos ya seis días de marcha y más de 130 kilómetros hechos, con un calor que no esperaba, y se me está haciendo muy duro.

—Vaya por Dios, pobrecillo, ¿quieres algo, te puedo ayudar en algo? Yo vivo aquí cerca y tengo agua fresca —me dijo la abuelita con una humildad e inocencia, que me llegó al alma.

—No se preocupe por mí, señora, se lo agradezco mucho, pero estamos ahí enfrente hospedados y bien atendidos. Además, mañana es ya la última etapa hasta Gijón, ya queda poco, lo peor ya ha pasado, espero, igual que con la ola de calor que estamos terminando de pasar.

—Bueno, hijo, pues que Dios te bendiga y Santiago te proteja en tu camino, rezaré por ti.

—Ese es el mejor regalo que nadie me podría hacer, sus bendiciones y mejores deseos. Bueno, ya me tengo que ir a recoger a mi amigo al hostal y buscar algún sitio para cenar e irnos pronto a dormir que mañana toca otra vez madrugar y seguir el Camino.

—Adiós, hijo, Buen Camino.

De esta forma, me levanté del banco deseándoles buena tarde y me dirigí al hostal. Por el trayecto me vino a la cabeza mi madre, era como si la vida me la hubiera traído del más allá, en otro cuerpo, dándome ánimos y sus bendiciones para terminar el Camino.

Estoy seguro de que desde el cielo donde estará está sonriendo, como asintiendo que efectivamente era ella misma la que a través de la abuelita había querido compartir un sagrado momento conmigo, como tantos durante tantos años, solo para darme sus bendiciones y desearme Buen Camino, con un signo de la cruz en la frente.

De vuelta hacia el hostal, me senté en una mesita libre en el interior de una confitería acondicionada y me pedí un café y un pastelito típico de la tierra. Muy bueno, pero algo empalagoso, ya que a mí no me gusta demasiado el dulce. Pero se estaba a gusto, con poco ruido y sobre todo al amparo del fresquito del aire acondicionado, al lado de un ventanal que daba a la calle, observando los transeúntes pasar.

Una pareja de novios que parecía discutir, con gesto de reproche en ella y de reprendido en él, algo bastante habitual entre parejas. Dos señoras maduras y muy bien peripuestas agitaban con vigor sus abanicos y parece que no hablan de otra cosa que del calor que hace, con gesto de agobio, que parecía arreciar con el vigoroso movimiento de sus abanicos. Un niño corre entre los coches aparcados sin hacer caso de su madre que le reprende y le persigue sin ser capaz de alcanzarle entre sus escurridizos escarceos.

Absorto y entretenido en la observación del mundo a mi alrededor, de repente vi pasar por delante de la cafetería a mi amigo Pedro, que parecía que estaba buscándome. Salí rápidamente y le avisé de que estaba dentro sentado, que había aire acondicionado y se estaba bien. Le hice hueco en la mesa, se pidió algo de merienda también y pasamos ahí un buen rato. Lo cierto es que con el calor que aún hacía era donde mejor se estaba. Comentamos un poco el plan para el día siguiente, última etapa de nuestro camino, y organizamos el viaje de vuelta a nuestras respectivas residencias estivales, el en Galicia y yo en Cantabria.

Cuando bajó un poco el calor salimos del local, dirección hacia el barrio antiguo del pueblo, por hacer un poco de visita cultural. Paseamos por las estrechas callejuelas adoquinadas, aun con poca gente, aún era un poco pronto, vimos una iglesia abierta y entramos para conocerla.

Era una parroquia pequeña y acogedora, con un bonito retablo en dorados, con una bonita cruz hecha con troncos de árboles coronando el mismo. Me cautivó la sencillez de la ornamentación, como señal de la humildad y sencillez con que Jesús pasó por la vida y que trató de enseñar al hombre, aunque a veces no parezca que se haya transmitido ese mismo mensaje a las generaciones siguientes. En ese ambiente de recogimiento y paz me senté un rato sencillamente a estar con Dios, que siempre lo estamos, pero hay entornos que nos favorecen más la introspección y conexión con Él, nuestra divinidad.

Después de un rato, no sé cuánto estuve así, mi amigo entró para decirme si pensaba cerrar la iglesia. Salimos de nuevo a la calle y seguimos con nuestro paseo. A lo lejos, en una pequeña mesita de hierro en medio de un callejón, vi a dos chicas que me parecieron las hermanas suizas peregrinas, con quienes coincidimos en el albergue el día anterior. Nos alegró encontrárnoslas de nuevo, las preguntamos si les molestaba que nos sentáramos un momento con ellas, a lo que accedieron encantadas. Estuvimos un rato charlando y haciendo unas risas, pues mi amigo es muy chistoso. La hermana pequeña, muy risueña, con una risa muy contagiosa, no dejaba de hacerlo, aunque no se enterara de muchos de los comentarios que hacíamos y que a su hermana no le daba tiempo a traducir. Pero era capaz de percibir la gracia por encima de las palabras y, desde luego, transmitía la risa contagiosa como la de un niño pequeño, imposible no reír.

Llamamos por teléfono a nuestro compañero de camino, el jienense, que se acababa de levantar de la siesta, después de casi cuatro horas de sueño, y le mandamos la ubicación de dónde estábamos, por si se quería unir al grupo.

Son increíbles las nuevas tecnologías como en algunas cosas nos facilitan la vida. En mis tiempos mozos, para conseguir encontrarnos en ese sitio perdido dentro del barrio antiguo del pueblo, que parecía un laberinto, nos habría costado un buen rato de explicaciones y, probablemente, habríamos tenido que salir a su encuentro. Ahora mandas la ubicación con un *whatsapp* y abriendo el mapa te guía hasta la ubicación exacta una agradable voz femenina, que parece que te lleva de la mano hasta tu destino, increíble…

El jienense llegó enseguida, tomamos unas cervezas y como el local era solo bar y ya teníamos algo de hambre, decidimos ir en busca de alguna taberna o restaurante donde poder tomar algo de cenar. Preguntamos al camarero que nos atendía por ello y nos dirigió a un bar, cerca de donde estábamos. Nos pidió que le dijéramos a quien nos atendiera que íbamos de su parte, se conoce que hay un cierto mercadeo de clientes entre los negocios de restauración del barrio que les funciona bien y así se ayudan unos a otros.

Llegamos a la taberna restaurante que nos había indicado el camarero o dueño del anterior bar y nos pareció bastante agradable. Dimos las referencias que llevábamos del camarero, nos atendieron con especial cordialidad, nos dieron una mesita en la terraza, cerca de un mirador que abría una hermosa vista a todo el valle y que dejaba fluir una ligera brisa refrescante y relajante. La terraza estaba alrededor de una pequeña plaza donde descansaban otras más, que poco a poco se iban llenando de gente. El ambiente se iba animando.

Mientras estábamos degustando algunas de las típicas tapas de la gastronomía asturiana, acompañadas de la siempre refrescante y salpicada sidra escanciada, aparecieron en mitad de la pequeña plaza una pareja de jóvenes con algunos instrumentos musicales y comenzaron a cantar bellas canciones clásicas del pop de los 80 y 90, con más o menos buen sonido y bonita voz de la solista. A mí me parecía que lo hacían muy bien. Pero claro, teníamos a un profesional de la música sentado en nuestra mesa, profesor de conservatorio con mucho oído y buen oficio, que no tardó en encontrar numerosas faltas en la interpretación, que como buen profesor no pudo pasar por alto. Pasamos muy buen rato y allí nos quedamos hasta el anochecer, cuando comenzó a correr una brisa desde el valle que nos estaba dejando un poco destemplados, después del intenso calor que padecimos durante todo el día. Así que nos levantamos, acompañamos a las dos hermanas hasta el albergue donde estaban hospedadas, nos despedimos deseándonos buen camino y a la espera de vernos pronto.

Desde allí hasta nuestro hostal no había mucha distancia, pero queríamos buscar algún ultramarino abierto para comprar algunos batidos y piezas de fruta para la etapa del día siguiente. Como vimos en los mapas, parecía que iba a ser una etapa dura, con casi tres horas de ascensión y otras dos de descenso, sin demasiadas poblaciones entre medias, puesto que se trataba prácticamente de atravesar una montaña que nos llevaría hasta Gijón.

Por suerte, y cuando ya lo dábamos por imposible, de camino al hostal encontramos un ultramarinos chino, con justo lo que necesitábamos para el día siguiente. Fue una bendición, que agradecimos mucho al día siguiente. Llegamos hasta el hostal y nos acostamos enseguida porque nos planeamos un día más madrugar bastante para empezar muy pronto el Camino y evitar las horas fuertes de calor, que al final siempre terminábamos por padecerlas.

Aunque ya era un poco tarde, no tenía mucho sueño y me puse a leer un poco, costumbre que tengo siempre antes de dormirme que me ayuda a calmar la mente y entrar en ese primer estado de ensoñación previo a la entrada en ese mundo mágico de los sueños. Antes de quedarme dormido se me vinieron a la cabeza diferentes acontecimientos del día, pero de forma especial se me aparecía la abuelita del banco, que tanto me recordó a mi madre. No deja de sorprenderme la ironía de Dios, que elige las mentes más sencillas y vulnerables, como los niños y los ancianos para dar voz a sus mensajes, siempre con la máxima humildad e inocencia, de donde procede siempre la verdadera sabiduría. Con estos pensamientos me quedé dormido.

111

Villaviciosa de Asturias

ÚLTIMO DÍA DE CAMINO

"Las circunstancias de la vida te pueden causar dolor o placer, pero son los pensamientos a cerca de ellas lo que te hace sufrir o disfrutar. Cuando te das cuenta te des identificas de los pensamientos y estás en paz"

Eckhart Tolle

Me desperté yo primero, como siempre. Hice un poco de meditación, seguida de algunos ejercicios de respiración, para terminar con unos asanas para estirar bien los músculos y relajar la mente y así afrontar la dura etapa que se nos presentaba por delante.

Desperté a mi amigo para irnos preparando la mochila y complementos para la nueva jornada. Pudimos desayunar los batidos que compramos la noche anterior y alguna pieza de fruta para coger energía. Llamamos por teléfono a nuestro compañero de camino, el jiennense, que ya estaba despierto y listo para salir. Comenzamos la marcha desde el hostal, teníamos que atravesar el pueblo entero.

El pueblo estaba sumido en una oscuridad serena, ausente de ruidos y transeúntes. Reinaba en él una paz profunda y sigilosa, solo interrumpida por las pisa-

113

das de nuestra marcha. Parecía que el pueblo nos quería despedir en silencio, deseándonos paz y buen camino con sus bendiciones. Sentí en un momento un escalofrío que me recorrió todo el cuerpo y me vino a la mente de nuevo mi madre, reencarnada en la abuelita del banco, que se despedía de mí, agradeciendo mi visita y diciéndome que siempre me acompañaría en mi camino. Sin darme cuenta se me humedecieron los ojos por la intensa emoción y me quedé un poco rezagado, con la excusa de que se me había desatado la zapatilla y, rodilla en tierra, simulando atarlas, toqué el suelo con mi bendición y agradecimiento a esa sagrada tierra que me acogió como a un hijo.

Como ya he comentado en otras ocasiones, en las primeras horas del día me siento especialmente abierto mental y espiritualmente, mis centros destinados a hacerlo fluyen en mí una energía limpia y regeneradora y me vuelvo especialmente sensible a cualquier percepción exterior o interior que cruzan mi ser.

Durante todo el camino sentí que esto me ocurría de forma especial y más intensa que en mi vida cotidiana y no sabía muy bien el motivo. Pero esa última mañana me di cuenta de que el motivo es sencillamente el Camino, que se nos mete dentro y nos acompaña en nuestra senda física y mental que nos permite hacer un recorrido largo y profundo de nuestro ser. De ahí, yo creo, que muchos peregrinos que han experimentado el Camino hablen de la senda espiritual que se recorre cuando se hace este. No se puede explicar muy bien el sentimiento, supongo que hay que convertirse en un peregrino sencillo y humilde y recorrer el camino para descubrirlo.

Seguimos caminando, ellos dos un poco más adelantados, yo me quedé atrás, pero sin perderlos de vista. Era de noche, había varias intersecciones y con la tenue luz amarilla de las farolas apenas se distinguía la ya compañera de viaje flecha amarilla pintada sobre fachadas, farolas o árboles, que nos indicaba el camino.

Salimos del pueblo hacia un sendero que nos metió en una zona arbolada. Al cabo de un rato comenzamos a subir una ligera pendiente. Seguimos caminando, aminorando algo la marcha, puesto que aunque el jiennense iba por delante a buen ritmo con sus bastones y yo le seguía a corta distancia, mi amigo se quedaba a veces un poco rezagado y cuando hacíamos una curva se le dejaba de ver, así que le esperaba un poco hasta comprobar que fuera bien.

Una norma del camino es que cada peregrino debe seguir su propio ritmo y no se debe alterar el mismo por esperar a nadie, ya que el Camino es largo y los cambios frecuentes del ritmo natural de cada uno lo hace este mucho más duro de llevar. A pesar de ello, yo como novel en el camino, no podía evitar esperar a mi amigo hasta ir comprobando que venía detrás, aunque si hubiera algún problema más serio, como fatiga aguda, torcedura de tobillo o similar, siempre estaban los móviles a mano para avisar a los compañeros de viaje.

Un descubrimiento más que me enseñó el camino fue la forma en que se deben de subir las cuestas pronunciadas y prolongadas, algo que selo comenté a mi amigo, que tenía más dificultad con las cuestas y me agradeció el consejo. Cuando subas una cuesta pronunciada y te encuentres muy cansado, en primer lugar hay que procurar nunca pararse del todo, sino aminorar la marcha todo lo necesario, dando pasos cada vez más cortos y lentos, esto permite regular el ritmo cardiaco y la respiración. Y otra recomendación, más psicológica, pero que al menos a mí me sirvió de gran ayuda en los momentos más críticos, fue no apartar la mirada del suelo, no mirar a más de dos o tres metros por delante de tus pasos y, cuanto mayor sea la fatiga por la dureza del camino, acortar más la mirada. Hubo momentos en que yo no miraba más allá casi de mis propios pies y el sitio donde debía apoyar la siguiente pisada.

Observé al jienense y a mi amigo, cuya forma de andar era muy distinta, mientras el jienense seguía con los bastones a buen ritmo. Con la ayuda de sus apoyos, siempre estaba pendiente exclusivamente del terreno donde apoyaba los bastones y la pisada, mientras que mi amigo, cada pocos pasos, levantaba la mirada para ver lo que quedaba y siempre se encontraba con la misma cruda realidad, que era que la cuesta continuaba hasta la siguiente curva y, al llegar a ella, volvía a levantar la vista para comprobar que la cuesta continuaba hasta otra nueva curva. Esto es algo que va minando la moral del fatigado peregrino, provocando una agudización del cansancio físico por el negativo impacto psicológico.

Según continuábamos subiendo esas empinadas pendientes, me quedé recapacitando sobre el sentido que podía tener ese descubrimiento en nuestro camino interior y me di cuenta de que una vez más el Camino me estaba enseñando no solo cómo subir una cuesta, sino también cómo afrontar situaciones más complicadas de la vida sin caer en la desesperación o la locura.

Y, efectivamente, en nuestra vida diaria, cuando las circunstancias se nos hacen dolorosas e incluso insoportables, en contra de lo que dicen algunos manuales de psicología, el Camino me indicó que mejor que mirar al frente intentando vislumbrar el final del sendero pedregoso, es mejor agachar la cabeza con humildad, y centrarse exclusivamente en el siguiente paso que tienes que dar y que estos sean cortos lentos y conscientes, de forma que centrados en el presente y sintiendo tus pisadas o pequeñas tareas cotidianas uno se abstrae de las preocupaciones futuras y se siente mejor. Prueba a hacerlo y verás cómo alivia el dolor.

Así seguimos subiendo cuestas pedregosas y caminos estrechos e irregulares que hacían mucho más costoso el ascenso, con resbalones continuos y falsos apoyos, que en más de una ocasión casi provocaron que nos lesionáramos.

Estuvimos subiendo la montaña durante mucho tiempo, se me hizo una eternidad. Tardamos casi tres horas en coronarla y, cuando llegamos cerca de la cima, por fin salimos a una carretera asfaltada que, aunque renegamos de ella cuando íbamos en llano, para subir o bajar cuestas es lo más cómodo puesto que no tienes que preocuparte de las irregularidades del terreno, pudiendo mantener la vista al frente. Así conseguimos llegar hasta la cima del puerto, donde también había una pareja de peregrinos sentados al lado del arcén tomando algo para reponerse del duro y largo ascenso.

Llegamos a la cima del puerto exhaustos después de culminar el duro ascenso por el estrecho camino pedregoso y salir a una carretera asfaltada al fin, tras recorrer poco más de 500 metros. Desde la cima del puerto se divisaba todo el valle de la ciudad de Gijón con el mar Cantábrico de fondo, un auténtico regalo para la vista. Me quedé tan ensimismado con la vista, como recompensa a nuestro reciente calvario, que ni siquiera nos dimos cuenta de que justo a la izquierda de la carretera había un bar donde podíamos haber parado y reponer fuerzas y seguimos el camino tentador, cuesta abajo, carretera y con las bellas vistas de fondo de nuestro fin de etapa.

Así continuamos nuestro trayecto, ahora ya todo cuesta abajo hasta Gijón. Lo que parecía que iba a ser un alivio, para mí fue un nuevo calvario. Tras el cansancio de piernas de las fuertes pendientes, me debí provocar algún tipo de distensión de ligamentos o rotura fibrilar, de forma que empecé a sentir durante la bajada a cada paso que daba un fuerte dolor en la rodilla. A nuestro amigo andaluz le pasaba algo parecido, sentía mucha más molestia de las rodillas en la bajada que en las subidas. Nos íbamos quedando rezagados respecto a mi amigo que, al contrario que nosotros, cuesta abajo caminaba a buena marcha y tenía que andar parando de vez en cuando para esperarnos. Además, vimos a lo lejos a las dos peregrinas, hermanas suizas, con quienes compartimos cena la noche anterior, y mi amigo aceleró el paso para cogerlas, mientras el jienense y yo íbamos bastante más lentos resentidos por el intenso dolor de las rodillas a cada paso que dábamos. Pedro las alcanzó con su buen ritmo, les explicó que íbamos un poco tocados y aminoraron el paso para esperarnos, Así llegamos hasta las afueras de Gijón.

Era más bonita la vista de la ciudad desde la cima del puerto que por la carretera que accedimos a la urbe. Se divisaban a lo lejos la catedral y la antigua Universidad y colegios universitarios de la facultad de Ingeniería, que ciertamente realzaban una visión más bien industrial de la ciudad.

Cuando llegamos a la primera zona ya un poco más urbanizada, vimos una terraza al lado de un parque público, que parecía agradable para hacer una parada después de un duro día de camino. Tomamos una cerveza bien fresca. El camarero fue muy amable y nos puso unos pinchos de aperitivo que nos supieron como maná caído del cielo y brindamos orgullosos y satisfechos por haber culminado nuestra última etapa del camino. Aprovechamos para desatarnos las zapatillas para aliviar un poco la presión que ejercían sobre unos pies inflamados y cansados, aunque el mayor dolor, al menos yo, lo sentía en la rodilla. Mi amigo me prestó una rodillera, puesto que yo no fui capaz de encontrar la mía en un desordenado macuto y esto me alivió bastante la molestia, al menos me permitió continuar el camino hasta el hotel.

Aunque pensábamos que ya habíamos llegado al final de nuestra etapa y que nos quedaría poco para por fin llegar a un buen hotel, darnos una buena ducha y descansar un rato, nada más lejos de la realidad. Es como cuando ves la meta de una larga carrera y según te vas acercando cada vez la ves más lejos. Era un poco frustrante, pues después de atravesar una amplia urbanización de chalés, guiados por donde la flecha amarilla, fiel compañera del camino, nos iba indicando, terminamos por llegar al estadio de futbol de la ciudad. Pensamos que desde allí ya estaríamos cerca, pero todavía tuvimos que caminar más de una hora y media, atravesando la ciudad, ya sin flechas que nos indicaran nada, siguiendo la señal del GPS, que no parecía muy fino, por la de vueltas que nos hizo dar hasta que llegamos a nuestro destino. Acompañamos primero a las hermanas a su hotel y luego mi amigo yo nos fuimos al nuestro. El jienense se cogió un taxi para ir al suyo, que acababa de reservar por teléfono, y no sabía muy bien dónde estaba. Nos emplazamos en vernos luego por la tarde, después de comer y descansar un rato.

El hotel estaba bien, pero aún hacía un poco de calor y la habitación no tenía aire acondicionado. Abrí un poco la doble ventana a ver si entraba algo de fresco y no entraba más que ruido. La habitación daba a una plaza grande, en la que desembocaban varias arterias principales de la ciudad, por lo que el tráfico era muy intenso. Pensé por un momento que vaya fin de camino, terminar en el centro de una gran ciudad en plena ebullición de actividad. Pero bueno, podría ser otra buena enseñanza del Camino, vivirlo en silencio es más sencillo y llevadero, así que esto bien podría parecer como un examen final para comprobar si las enseñanzas del mismo habían sido bien asimiladas.

Por lo tanto y dado que no podía dormir, a pesar del cansancio acumulado y la molestia de la rodilla, decidí salir a dar una vuelta a la manzana para ver un poco la zona y situarme bien de dónde estábamos. El ruido en la calle era ciertamente ensordecedor y en un primer momento busqué un bar cercano donde tomar un café para poner un poco en alerta una mente demasiado arrastrada por pensamientos nocivos. Tomé el café y, a la salida del bar, vi de frente la estación de autobuses desde la que partiría al día siguiente hacia Comillas. Me inundó un profundo sentimiento de alivio e ilusión del próximo reencuentro con mi querida tierruca, con sus pastos verdes decorados por ganado pastando con el mar por testigo de tan bella estampa.

Envuelto en esos recuerdos, que de algún modo me habían conseguido abstraer de mis recientes pensamientos nocivos, de repente sentí como una especie de ráfaga de brisa marina, como una llamada de mi querido mar Cantábrico que me decía que estaba cerca. Seguí la dirección de donde provenía la brisa, atravesando la concurrida plaza, y a poco más de 100 metros salí a un largo malecón que guardaba con celo una bonita playa donde un mar embravecido tomaba tierra. La vista me pareció como un oasis en el desierto después de tanto ruido y bullicio de la gran ciudad; de repente me encontraba frente a un imponente mar Cantábrico enfurecido, lleno de energía, que trataban algunos surfistas de aprovechar cabalgando sus olas con más o menos habilidad.

Así permanecí un buen rato, llenándome de la energía del mar, que tan buena compañía me había ofrecido durante buena parte del trayecto que había emprendido y entonces asumí una nueva enseñanza del camino. El ruido mental es el que en verdad provoca el ruido exterior que percibimos, pues siempre tendremos el recurso de escuchar un rugido mayor, como el del mar, o incluso el mayor de los sonidos que acallan todos los demás, el silencio.

Había mucha gente paseando por el paseo marítimo, la mayoría con un gesto de relajación y bienestar muy distinto al semblante que se observaba en los transeúntes cercanos al hotel, inconscientes de la cercanía del mar que todo lo cura.

Caminé un poco por el paseo, pero dado que la rodilla la tenía aún algo dolorida, enseguida me senté en el primer banco que encontré libre y me puse a contemplar el mar y a la gente pasear. La estampa era preciosa. Así permanecí no sé cuánto tiempo, hasta que me sonó el móvil. Era mi amigo Pedro, que me andaba buscando y no me encontraba, para decirme que habíamos quedado con las hermanas suizas y el andaluz para tomar algo cerca de nuestro hotel. Así que me levanté de mi placentero banco, me despedí hasta pronto del mar, que pareció apaciguar su furia con mi partida.

Como habíamos quedado, aparecieron primero, muy puntuales, como buenas suizas, las dos hermanas y, más tarde, ya cuando estábamos sentados en una terraza, apareció el jienense con su puntualidad andaluza.

Estando allí sentados, de repente vi acercarse a toda velocidad a una enorme gaviota que se abalanzó sobre un trozo de sándwich que había sobrado en la mesa de al lado, como si de una presa se tratara y, antes de darnos cuenta y sin apenas posarse levantó el vuelo, causando un gran estruendo y consiguiente susto entre los clientes que estábamos sentados cerca. Enseguida se acercó el camarero con una escoba en las manos, como tratando de batear al animal, que mucho más rápido que él se escabulló revoloteando alrededor, sin mostrar el más mínimo temor. Según nos contó después, parecía ser que era bastante habitual lo ocurrido y que incluso a veces habían llegado a llevarse comida del mismo plato en el que algún cliente estaba comiendo. Habían perdido todo miedo, o el instinto de alimentarse era más fuerte que el riesgo, ciertamente menor de que pudiese alcanzarla algún escobazo.

Tras esta pequeña anécdota con la gaviota, terminamos nuestras consumiciones y propuse a los demás acercarnos al paseo marítimo, que estaba muy animado, con el mar muy agitado y con algunos surfistas aprovechando el fuerte oleaje. Estuvimos un rato caminando por el paseo, haciendo algunas fotos de recuerdo. Estaba la tarde preciosa y con una intensa energía positiva que se sentía en el fluir de transeúntes, el rugido del mar y el ambiente marinero. Esto sí se parecía más a lo que debía ser una celebración de fin de camino.

Desde allí nos dirigimos andando hacia la parte antigua de la ciudad, que estaba bastante cerca del paseo, y llegamos entre algunas callejuelas hasta la plaza Mayor, fácilmente reconocible por la presencia del edificio del ayuntamiento que enarbolaba las correspondientes banderas, agitadas por el viento de la ciudad, del Principado de Asturias y la enseña nacional. La plaza no era muy grande y estaba rodeada de soportales entre arcos consecutivos que rodeaban todo su perímetro, con numerosas terrazas a su alrededor, que le daban ese ambiente de plaza Mayor que identifica cualquier población de España.

Estando observando la plaza, nos encontramos de casualidad con los dos peregrinos de Zaragoza, que también estaban visitando la ciudad. Nos hizo mucha ilusión encontrarnos todos de nuevo y, como ya se aproximaba la hora de cenar, quedamos en buscar alguna taberna donde hubiera mesa, que no estaba fácil, ya que era fin de semana y había bastante gente, y poder celebrar en condiciones el fin del camino con una buena cena de despedida. Buscamos entre las callejuelas del casco antiguo y llegamos a una plaza que apareció de repente sin tener claro donde estábamos ni donde íbamos.

Una vez más el Camino nos tenía reservada para los siete que éramos una estupenda mesa en una taberna bastante concurrida, pero que al preguntar nos dijeron que era la única que les quedaba libre. Nos acomodamos, y pedimos algunas raciones para degustar la magnífica gastronomía asturiana, regada con buena sidra escanciada. Así pasamos muy buen rato, comentando las diferentes anécdotas del Camino y curiosidades de la tierra de procedencia de cada uno, Suiza, Zaragoza, Sevilla y Madrid, todo ello con la traducción simultánea de la hermana mayor helvética a su hermana pequeña que, aunque no parecía enterarse de todo, se reía y disfrutaba la que más.

Terminamos la cena y nos acercamos de nuevo al paseo marítimo que, aunque fuera de noche, tenía un encanto especial con la iluminación amarilla de las farolas, que reflejaban sobre el mar unos tonos dorados que tornaban a oscuros con el mecer de las olas, representando un baile armónico acompasado por el sonido del rompiente del paseo. El mar se había quedado en silencio reflejando la Luna en su superficie rugosa, algo más tranquilo. El viento había amainado, como preludio de la noche que reclamaba una dulce calma y reposo para los cansados peregrinos. Sentí un profundo sosiego con mi espíritu pleno de paz y la mente abierta, receptiva, pero en silencio, como en un concierto, para no interrumpir la apasionante melodía que me mostraba en ese momento la naturaleza.

Encontramos una terraza cerca del paseo, con vistas al mar, donde tomamos una copa de despedida. Enseguida nos retiramos, aunque los más jóvenes, esto es las suizas y los amigos de Zaragoza insistían en ir a bailar a alguna discoteca. Pero el jienense y sobre todo mi amigo y yo que ya no tenemos treinta años, teníamos los cuerpos cansados y decidimos retirarnos al hotel a reposar.

Nos despedimos con cierta nostalgia y algo de vértigo, de pensar que quizás no nos volveríamos a ver nunca, pero con nuestros mejores deseos y deseándonos buen camino y bendiciones sin olvidar nunca que eres peregrino del camino que te guiará en la vida por sus mejores senderos y nos hará disfrutar hasta el fin de nuestros días.

CAMINO DE VUELTA A CASA

«Todo se muestra cuando queda expuesto a la luz, y lo que queda expuesto a la luz se convierte en luz»

San Pablo

Esa noche dormí bastante bien, con la nostalgia de la experiencia vivida, pero con la satisfacción del deber cumplido y las lecciones aprendidas del Camino. Con estos pensamientos y tras leer algunas hojas del libro que estuviera leyendo en ese momento, me quedé dormido.

Me desperté pronto por la mañana, con una sensación más de ilusión por volver a Comillas que de nostalgia de terminar el camino que, aunque había sido una rica experiencia existencial, también había tenido su parte de dureza física y emocional que requerían de un profundo descanso para asimilar las enseñanzas, relajar el cuerpo y calmar el espíritu.

Me vestí con ropa de diario, dejando con cierto alivio de lado la de peregrino, lo que significaba que ese día no habría que iniciar otra agotadora etapa y dejaría descansar el cuerpo ya bastante fatigado de las etapas anteriores. Cuando salí a la calle estaba todo tranquilo, aunque al ser una gran ciudad ya se notaba algún movimiento de personas por la estación de autobuses que estaba justo detrás del hotel. Al lado de la estación había una cafetería abierta, qué gusto. A esas horas, durante el Camino, era imposible encontrar nada abierto, así que por primera vez conseguiría tomar un buen café casi recién levantado.

Desayuné en la barra, con algunas otras personas solitarias como yo, que también estaban disfrutando de su primer café del día removiendo esos primeros pensamientos matutinos que suelen revolotear en nuestras mentes, como buscando algún objetivo sobre el que centrarse, recorriendo cada circunstancia del pasado reciente o futuro inmediato que nos secuestra la atención. Traté como siempre de intentar centrar la atención en el momento presente a través de mi respiración y procurando experimentar mis percepciones presentes con la máxima intensidad posible, de forma que la mente se mantuviera serena simplemente disfrutando de ese momento, el único real que existe, alejado de la ilusión temporal de la vida.

De vuelta al hotel para despertar a mi amigo y despedirme, puesto que mi autobús salía a las ocho mientras que el suyo, dirección Santiago de Compostela, no salía hasta medio día. Estaba ya despierto, así que después de asearme un poco, terminé de preparar mi macuto y me acompañó a tomar un segundo café y enseguida a coger el autobús.

Nos despedimos con un fuerte abrazo y coincidiendo en la estupenda experiencia que había sido poder compartir unos días juntos el Camino. Nos emplazamos a seguir en contacto y, quizás, continuar el camino desde Gijón hasta Santiago, pero esa será otra historia.

Me monté en el autobús, después de colocar el macuto en el maletero, cogiendo solo mi cantimplora, el móvil y mi Kindle, fiel compañero de viaje. El autobús no iba muy lleno. Aunque al principio me senté en el lugar que tenía asignado, en cuanto arrancó el autobús y vi que había sitios libres, me cambié al lado de una ventanilla para poder contemplar bien el camino de vuelta a Cabezón de la Sal, parada más cercana a Comillas, y donde me estaría esperando mi mujer para recogerme.

Estaba dispuesto a leer un rato, e incluso echarme una cabezada, pero el paisaje me fue cautivando según transcurría. Era como si de una película se tratara, pasando a cámara rápida, pero que en mi mente quedaba ralentizada. Cada rincón, cada árbol, cada valle, traía a mi mente recuerdos de sensaciones vividas. El caso es que la mayor parte del trayecto, que era por la A-8, no debería permitir ver el Camino, más parecía que fuera el propio Camino el que en su despedida traía a mi mente pensamientos y sentimientos vividos con él. Parecía que me quisiera enviar un último mensaje que me decía: "querido amigo peregrino, no olvides nunca dónde has estado, que el camino siempre vivirá contigo y te recordará sus enseñanzas en el camino de tu vida. Escribe y comparte tus experiencias con el mundo y que puedan servir de guía para el camino de otros".

Me quedé un poco sorprendido del mensaje, no tanto por su contenido como por la fuerza y claridad con que lo sentí en ese momento. El camino de vuelta fue como un recordatorio rebobinado de cada sentimiento, pensamiento y experiencia que tuve durante la peregrinación, especialmente en lo referente a aquellos momentos de mayor sensibilidad hacia la Naturaleza y su entorno.

Por un momento cerré los ojos y la sensación fue más nítida y los sentimientos más intensos. No podría explicar muy bien con palabras lo que sentía en ese momento, solo sé que me sentía invadido por una profunda paz interior y que parecía que fuese el mismo espíritu quien me llevara de vuelta a casa por un camino interior inverso que me recordaba con detalle las más profundas experiencias que disfruté en mi camino de ida.

Así, casi sin darme cuenta el autobús llegó hasta Cabezón, donde estaba mi querida mujer esperándome en la parada, con esa amplia sonrisa de bienvenida tan familiar, que me hizo estremecer y me produjo una profunda alegría y bienestar de saber que ya estaba en casa, en mi hogar.

Bajé del autobús, nos dimos un gran abrazo, como si fuera el hijo pródigo que viene de la guerra, y así nos quedamos un momento disfrutando del calor del hogar, que siempre está dentro de nosotros, allí donde vayamos. Nos montamos en el coche y enseguida cogimos camino a Comillas. Camino muy familiar, recorrido miles de veces durante los últimos 45 años que llevo pasando los veranos en esa villa y con más frecuencia los últimos años, desde que he tenido la suerte de poder prejubilarme teniendo aún buena salud.

Por el camino hacia Comillas, ella me preguntaba con insistencia que le contara todo lo que había vivido en esa última semana de camino, más no podía hablar demasiado, estaba todavía un poco en trance de la experiencia vivida en el autobús de vuelta a casa y necesitaba asentar todas esas sensaciones en mi mente a través del silencio, solo quería contemplar el paisaje tan familiar y dejar que mis pensamientos se calmaran, posándose sobre mi mente aún algo agitada. Quizás pude resultar un poco antipático para mi mujer, pero ella ya me conoce bien y ha aprendido a respetar mis silencios, sin alterarse por ello. Ya tendría tiempo de leer mis experiencias del camino en el libro que algún día decidiría escribir.

Llegamos a casa, comimos algo ligero que había preparado mi mujer con mucho cariño y, como tengo por costumbre ya desde hace muchos años, me eché una siesta, que en esta ocasión fue más larga de lo normal, algo lógico por el cansancio y falta de sueño acumulado que traía de la última semana.

Fue un sueño profundo y reparador y, al contrario de lo habitual, cuando suelo tener sueños muy intensos y vívidos que luego recuerdo con nitidez, en esta ocasión, sería por el cansancio, pero debí de entrar en una fase de sueño mucho más profundo que no me permitió recordar ni ser consciente de haber evocado nada. Me desperté con una sensación de haber descansado profundamente y de haberse asentado en mí todas las experiencias vividas en el Camino.

ENCUENTRO EN LA PLAYA

Pasadas unas semanas tras haber terminado mi experiencia de hacer el Camino de Santiago, permanecía sentado en el porche de mi casa en Comillas, contemplando un precioso prado verde. Allí comencé a tomar mis primeras notas sobre mi experiencia del Camino, por miedo a que se me olvidaran detalles que me parecían relevantes. Pero no tenía la intención de empezar a escribir un libro sobre el mismo, ya que no me parecía que dicha experiencia diera para tanto.

Pensaba que un libro debía tener una estructura inicial, que se debe desarrollar siguiendo un cierto guion que hay que seguir y no salirse del mismo para no perderse. La realidad me demostró, una vez más, que al igual que decía el poeta "caminante no hay camino, se hace camino al andar", algunos libros se deben escribir a sí mismos según se van redactando, sin una estructura demasiado rígida.

No sé si fue una intuición, o una reflexión más, pero me volvió a venir a la cabeza la necesidad de que plasmara en un libro mis experiencias del Camino. Fue entonces cuando casualmente recibí un mensaje de un querido familiar, llamado Santiago, diciéndome que pasaría por Comillas y le gustaría que nos viéramos. Hablamos de dónde podíamos vernos y quedamos en la playa, que nos pareció un buen escenario para nuestro encuentro.

Llegué a la playa de Gerra en mi moto. Santi ya me estaba esperando, acompañado de otros familiares. Nos dimos un gran abrazo, intercambiamos información sobre nuestras respectivas familias y situación de vida y, paseando, comenzamos a conversar.

Santi y yo hemos descubierto, ya entrados en años, que tenemos más en común de lo que nunca habíamos sospechado durante nuestra vida anterior. Compartimos una visión de la vida física y espiritual muy similar, a pesar de haber tenido experiencias existenciales diferentes.

Comentamos diferentes cuestiones sobre la vida, el mundo, el universo, la espiritualidad, el camino que nos lleva hasta nuestra transición a otra vida. Hablamos en profundidad sobre la muerte, dado el reciente fallecimiento de su hermana Chelo, a quien acompañó en su transición en paz a su nuevo destino en el más allá.

Sentí una gran alegría y paz con su encuentro en un entorno tan inspirador, con la energía del mar como testigo de nuestras reflexiones, que nos regaló un encuentro especial.

Le comenté mi experiencia del Camino de Santiago y mi intención de plasmarla en un libro, a lo que me animó con vehemencia y entusiasmo. Quizás fue ese el momento en el que decidí, sin saber exactamente cuándo, empezar a escribir la obra sobre mi experiencia en el Camino, con unas reflexiones sobre las enseñanzas aprendidas, así como algunas herramientas para caminar por la vida, que a mí me han servido de ayuda.

Quizás el motivo por el que no había escrito el libro antes se debía al celo por conservar la privacidad de mi alma. Cuando se escribe un libro, aunque sea de ficción, he observado que es inevitable desnudar el alma y ponerla al servicio de los demás. Pero también considero que así como recibimos lo que entregamos cuando ponemos nuestro ser en manos del mundo, es cuando recibiremos el agradecimiento del mundo en nuestra alma por la gracia de Dios.

Y con estos pensamientos decidí compartir mi vivencia, percepciones y sentimientos más profundos experimentados durante mi breve recorrido por el Camino de Santiago, a través de este breve y sencillo manuscrito.

PRIMERAS REFLEXIONES

Me dijo un buen amigo, que hace tramos del camino de Santiago varias veces al año y que además es asiduo escritor de pequeños ensayos, como el que estás leyendo, que antes de escribir un libro sobre el Camino de Santiago, debemos andarlo varias veces para captar y asentar bien la experiencia en nuestro interior.

Aunque es mi intención volver a hacer algún tramo del camino y continuar aprendiendo de las enseñanzas que nos deja, creo que cuando nos sentimos preparados para transmitir un conocimiento o experiencia debemos hacerlo sin más dilación pues no necesitamos más que lo que ya tenemos. Cada momento de la vida tiene su propia experiencia y creo que es importante transmitir la enseñanza cuando uno se siente preparado para hacerlo. Como dice un dicho de la sabiduría oriental, "cuando el discípulo está preparado, aparece el maestro".

El Camino de Santiago es un buen momento para encontrarse con uno mismo como peregrino del mundo y compartirlo con otros peregrinos, cada uno con su personal peregrinar. Para mí el Camino fue una experiencia personal profunda que me permitió recordar algunas de las virtudes y miedos que nos acompañan a lo largo de nuestra vida, aunque a menudo permanecen olvidados.

Virtudes como la gratitud, el esfuerzo, el compañerismo, el altruismo, la humildad, el sacrificio, la generosidad y el amor por la vida. Y miedos como la frustración, cólera, aburrimiento, desaliento, crispación, egoísmo…

Todas ellas nos pueden enseñar, mediante su observación a través de la pantalla de la consciencia vacía y nítida que nos ofrece el Camino, a darnos cuenta de que tan solo son diferentes formas de energía que se nos presentan en la conciencia. Y que su simple observación las termina por diluir y disolverse en el mar de Presencia donde se proyectan.

Cualquier momento de la vida se puede convertir en un tramo del camino, en el cual, mediante una atención consciente presente, podemos alcanzar ese instante de introspección en el que conectamos con nuestra esencia más profunda.

Hay dos ejemplos muy ilustrativos que nos pueden ayudar a comprender este concepto un poco abstracto de como percibir la experiencia de la vida.

Uno sería asimilando la consciencia como una pantalla de cine en la que se refleja nuestro yo físico, donde aparecen todos tus pensamientos, sentimientos, sensaciones físicas, tiempo, espacio… las cuales, al igual que en una película, aparecen y se disuelven en la pantalla de la consciencia que permanece siempre, antes y después de finalizar la película de nuestra vida.

Otro ejemplo para ilustrar este concepto de la consciencia presente sería el infinito océano. El agua sería la consciencia, mientras que las diferentes energías formadas por nuestras percepciones físicas, emociones, pensamientos, dimensiones… serían las olas del mar, que por mucho que crezcan y se encrespen, terminan disolviéndose en el océano de la consciencia de donde surgen y se disuelven una y otra vez, permaneciendo siempre su esencia estable el agua.

EN CASA CON DIOS,
Y DIOS EN CASA DE TODOS

Después de un camino recorrido, ¿a dónde llegamos? Esta pregunta nos puede parecer una obviedad, pero si lo miramos con la atención suficiente, nos daremos cuenta que en verdad en su respuesta encontramos la clave de nuestra paz interior.

La cuestión sería a dónde queríamos ir cuando iniciamos el camino, o si bien iniciamos un camino sin destino definido, más bien como forma de encontrar un lugar mejor donde poder estar en paz con nosotros mismos.

Todo camino es una fuente de sabiduría y el Camino de Santiago con el paso de los años se ha convertido, gracias al santo patrón Santiago, que dio nombre al mismo, un auténtico camino de peregrinaje hacia uno mismo, hacia nuestro verdadero ser, nuestra alma, nuestro yo espiritual.

He conocido gente que hace el camino al menos una vez al año y continúan haciéndolo porque cada vez que lo hacen dicen encontrar algo nuevo que les aporta paz y bienestar. Esto está bien, como ejercicio físico, mental y espiritual, mas el hecho de continuar haciéndolo es sintomático de que seguimos buscando nuestro hogar interior, sin aún haberlo encontrado.

El camino está en el día a día, en el momento a momento. No hay caminos mejores o peores, lo importante es el nivel de conciencia que tengas en cada momento del camino. Caminamos por la vida con nuestras circunstancias personales, cada uno con las suyas, y lo que determinará la felicidad en buena parte dependerá de nosotros mismos, de cómo reaccionemos frente a los sucesos que la vida nos va presentando. Nuestra capacidad de ser conscientes de nosotros mismos, de la vida que pasa por delante de nosotros y de nuestra capacidad de aceptación de la misma, nos permitirá vivir más felices y en paz.

Hay herramientas que pueden ayudarte a alcanzar ese nivel de consciencia en el que estamos en casa con Dios y Dios en casa de todos. Pero lo óptimo sería, dentro de las diferentes herramientas que comentaré más adelante, junto con las numerosas herramientas que podemos encontrar en la amplia literatura religiosa, psicológica, filosófica, espiritual y manuales de autoayuda, las que seamos conscientes que más nos ayudan en nuestro camino hacia la paz interior.

MOCHILA PARA UN BUEN CAMINO

Recuerdo, cuando inicié la preparación del Camino de Santiago, que mi amigo me pasó una lista con las cosas necesarias para llevar en la mochila y que me podrían ser de gran utilidad durante el camino. Cosas sencillas como saco de dormir, gorro, chanclas, toalla, jabón, tiritas, vaselina, gel antiinflamatorio, crema solar, cantimplora, navaja, tijeras… Otra recomendación importante fue evitar cualquier peso innecesario, pues cada gramo innecesario de peso adicional al cabo de los días se convertía en un peso mayor y haría más costoso el camino.

En la vida diaria nos encontramos también con una mochila, con la que nos levantamos cada día y con la que debemos cargar. En ella a veces hay cosas ciertamente útiles y otras veces con cargas que solo aportan peso innecesario para el camino.

Ciertamente, hay muchas cosas en nuestra vida que suponen más un lastre que una ayuda para continuar nuestro camino por ella. Si bien existen múltiples manuales de cómo deshacernos de lastres que condicionan nuestro camino, yo no pretendo hacer mayor referencia a los mismos. Eso lo dejo para esos manuales de autoayuda, útiles a veces, para aliviar dichas cargas. Aunque también hay que saber discernir bien cuando un manual o enseñanza ciertamente nos ayudan o son una serie de normas estrictas que no llevan a ninguna parte y constituyen en sí mismas un peso innecesario para andar el camino.

Yo prefiero centrarme en los útiles o herramientas que podemos llevar en la mochila de la vida y que nos pueden ayudar a caminar con paso firme, seguro, ligero, tranquilo, en paz, con humildad, agradecimiento y mucho amor por la vida, que es lo que nos hará vivir más felices.

Voy a comentar algunas herramientas, que a mí me han servido, y lo siguen haciendo en mi rutina diaria, y que me permiten caminar en paz y gratitud por la vida.

Las herramientas que te voy a comentar a continuación no son complejas técnicas a poner en práctica cada día hasta conseguir convertirnos en expertos. Mas bien se trata de recursos muy sencillos de utilizar y siempre disponibles para cualquiera que lo desee en cualquier circunstancia de la vida. Son recursos con los que ya contamos desde que nacemos y que utilizamos casi siempre de manera inconsciente, pero que al volverlos conscientes generan una energía enorme que sin duda cambiarán nuestra vida.

Algunas de estas herramientas, que comentaremos más en detalle a continuación, serían tan sencillas como: respiración, alimentación, movimiento, pensamiento, sentimiento, meditación y contemplación.

1-   Respiración

La respiración es el primer acto reflejo que tenemos en el momento del nacimiento y con lo que comienza la vida del cuerpo humano, con una profunda inspiración, seguida habitualmente de un llanto neonato. Es con este pequeño gesto con el comienza nuestra existencia en el cuerpo físico y con el que se desencadena toda una serie de procesos físicos, químicos y mentales que permiten el inicio de la vida física.

Este primer acto reflejo del organismo se ve seguido de forma inmediata por una profunda espiración en forma de llanto como premonitorio del lamento por la encarnación que vamos a experimentar. La primera inspiración de bienvenida a la vida finaliza con una última y profunda espiración que llega en el momento de nuestra muerte, dejando en paz ese cuerpo que nos ha acompañado hasta el final de nuestros días

Podrías pensar qué sentido tiene hablar de algo tan simple y sencillo como la respiración, un acto fisiológico tan básico y sencillo. Pues bien, este acto tan sencillo como inevitable para mantener con vida el organismo y que realizamos habitualmente de forma automática e inconsciente cada seis segundos en estado de reposo, es uno de los recursos más importantes de que disponemos para regular nuestros estados físicos, mentales, anímicos y espirituales.

El acto de la respiración consiste en una inspiración seguido de una espiración cada 5 o 6 segundos. Si este sencillo acto lo volvemos consciente y nos centramos en él siguiendo su flujo, dejándolo fluir a su ritmo, como un observador de algo que sucede a través de nuestro cuerpo, sentiremos una profunda calma y paz que invadirá todo nuestro ser. Esta sensación perdurará mientras seamos capaces de mantener la atención consciente en ese flujo, sintiendo como el aire entra y sale, como roza levemente las fosas nasales a su paso.

Si no tenemos costumbre de hacer ejercicios de respiración en entrenamientos como pilates, yoga, meditación…, no tardará en invadirnos todo tipo de pensamientos que vienen a entretener a una mente aburrida por no tener otra actividad que estar atenta a la respiración.

Este sencillo ejemplo de respiración es algo que podemos practicar en cualquier momento de nuestra vida, que seguirá dependiendo de la misma para para su continuidad. Podemos practicarlo, mientras estamos sentados en el salón de nuestra casa, mientras esperamos al autobús, caminando por la calle, en mitad de una reunión de trabajo… Llegará un momento, cuando hayamos cogido suficiente práctica, que podremos ser conscientes de nuestra respiración en cualquier situación de nuestra vida. Esto nos permitirá controlar y mitigar cualquier estado anímico, mental o físico que nos pueda estar perturbando en ese momento.

Es por ello, el primero y más importante de los

recursos o herramientas que meteremos en la mochila de peregrino por el camino de la vida, la respiración consciente.

2-   Movimiento (atención plena)

Esta herramienta, de la que también disponemos desde el mismo momento de nuestro nacimiento, asimismo es algo que sucede de forma automática e inconsciente en la mayoría de nosotros. Aunque puede parecer que el movimiento al igual que la respiración son recursos voluntarios, y así lo son en su inicio, que una vez comenzado el mismo habitualmente continúa de forma inconsciente; esto es, mientras pensamos en otras cosas.

Recientemente ha surgido la filosofía del *mindfulness*, consistente en mantener una atención plena en cada actividad cotidiana que realizamos durante el día. Aunque esta no requiera de una especial atención por su sencillez de ejecución, mantener la mente y la respiración consciente y presente en lo que estamos haciendo nos aporta una mayor efectividad en lo que hacemos además de aportarnos una profunda calma y paz interior.

Al igual que ocurre con la respiración, cuanto más sencilla sea la tarea que estemos realizando, más fácil será podernos distraer en pensamientos que nos invaden para entretener una mente insaciable de estímulos que la distraigan de la tediosa tarea que estamos llevando a cabo.

Es por ello que la práctica de la atención plena en tareas tan sencillas como lavarse las manos, vestirse, sentarse, cortar verdura, barrer, fregar…, nos aportan una gran paz interior y nos enseñan a aprender a valorar cada pequeño acto de la vida cotidiana como si fuera un acto sagrado.

Dentro de la práctica de la atención plena incluyo todos y cada uno de los sentidos de que dispone el cuerpo para percibir el entorno que nos rodea, vista, tacto, oído, olfato y gusto. En la medida que seamos capaces de percibir a través de la mayoría de los sentidos la tarea que estemos ejecutando, ello nos llevará a un mayor estado de paz y bienestar.

La práctica de la atención plena en nuestras actividades diarias nos permitirá ser más conscientes, a través de la sabiduría de nuestro propio cuerpo, de las cosas que mejor se ajustan a nuestras necesidades físicas, como es la alimentación, que veremos más adelante.

Dentro de este apartado, también quiero destacar la importancia del movimiento físico mediante disciplinas que van desde la elasticidad, fuerza, cardio… a través de actividades como el pilates, pesas, *cross fit*, *running*, caminar, bici, natación… Todas estas actividades físicas son fundamentales para mantener un cuerpo sano, elástico y bien musculado, lo que nos permitirá sentirnos más ligeros, fuertes, ágiles y seguros de nuestros movimientos.

El entrenamiento dependerá de las aficiones de cada uno. En mi caso yo suelo practicar 40 minutos de *running* al menos tres veces por semana, o de una hora de marcha a ritmo rápido, seguido de otros 30 minutos de musculación y elasticidad. Haciendo esto 4 o 5 días por semana, es suficiente para mantenerse en forma.

Siempre debemos tener presente la importancia de la atención plena en todas las actividades que realizamos, tanto las sencillas como las complejas, las de baja intensidad como el caminar y las de intensidad más elevada como el *running*...

3-   Alimentación

Más que una herramienta, lo deberíamos considerar un recurso necesario para el mantenimiento de un cuerpo sano. Tan importante es la alimentación como la forma en que la practiquemos. En este caso, al igual que en los anteriores, volvemos a insistir en la importancia de la atención plena, conciencia, en la actividad de alimentarse.

La alimentación necesaria para mantener una dieta equilibrada y sana es sencilla y de todos conocida. La dieta mediterránea, por ejemplo, es de las más saludables que hay, no solo por la calidad de sus productos, sino también por la amplia variedad de su gastronomía, en continua evolución y creatividad, contando España con algunos de los mejores cocineros y restaurantes del mundo.

La dieta mediterránea consiste básicamente en frutas y verduras, legumbres, carnes y pescados, con excelentes caldos de acompañamiento y dulces deliciosos para los más golosos. En cualquier libro de cocina o tutorial de internet encontraremos abundantes recomendaciones de dietética y deliciosas recetas para practicar.

La actividad de la alimentación comienza en la compra y continúa en la cocina. Yo, desde pequeño, tuve la suerte de disfrutar de una excelente cocinera que si hubiera tenido la oportunidad de montar un restaurante seguro que habría alcanzado un gran éxito e incluso alguna estrella michelín. Se llamaba Aurora, de carácter un poco seco, como buena navarra, pero con buen corazón y prodigiosa mano para la cocina.

Recuerdo que de pequeño me gustaba meterme detrás de la cocina, a observar cómo guisaba, hasta que se daba cuenta de que estaba ahí y me echaba de allí con celeridad. Su forma de cocinar me producía una gran calma y seguridad. Me encantaba la delicadeza con que trataba los alimentos, el ritual en su tratamiento y su enorme pulcritud. A pesar de tener que cocinar para entre doce y quince personas y tres perros todos los días, siempre mantenía la cocina impoluta y cada cosa en su sitio. Cuando terminaba, quedaba todo como antes de haber empezado a realizar su trabajo.

Me recuerda mucho a la forma de cocinar de Karlos Arguiñano, famoso cocinero de la televisión. Siempre limpio, sin medidas precisas, aprovechando siempre los alimentos disponibles en la nevera con mucho cariño y siempre rico rico.

El mercado es un lugar donde merece la pena dedicar un rato para elegir los alimentos que necesitemos, los de temporada y los que más nos llamen la atención para cocinar en ese día o los siguientes. A mí me gusta ir al mercado, mirar y oler los productos frescos, comprobar su textura con el tacto y así elegir mejor los que más me atraen. Me gusta ir sin ninguna idea preconcebida de lo que voy a cocinar y decidirlo en función de lo que los alimentos me transmitan con su aspecto, textura, olor… Con todo ello, y una vez completada la lista de la compra, vuelvo a casa y preparo la comida.

Para la gente que siempre están buscando dietas para adelgazar, yo haría tres recomendaciones que pueden ayudarles a encontrar su peso natural con el que se encuentren cómodos con su propio cuerpo:

-La dieta siempre empieza en la compra, compra alimentos sanos y comerás sano

-Si quieres adelgazar, no es necesario comer nada diferente a lo que comemos habitualmente, como dice Arguiñano, ponte el plato que comes habitualmente y entonces quita la mitad.

-Come conscientemente, identifica cada sentido en cada bocado, mastica bien. La digestión y metabolización de los alimentos dependen mucho de nuestra forma de comer.

A la hora de cocinar, primero me gusta poner sobre la tabla todos los alimentos que voy a preparar. Los lavo bien, si es necesario, como en el caso de las verduras, acariciando los alimentos cuando lo hago, ya que van a pasar a formar parte de mis seres queridos y de mí mismo y deben estar bien limpios. También les agradezco a cada alimento que vayan a compartir su existencia con la mía y formar conmigo un solo ser. De esta forma, los alimentos también sienten tu gratitud y entregan su esencia, que compartirán contigo.

Cuando actúo así con los alimentos, y tengo una idea aproximada de lo que quiero preparar, me dejo llevar, empiezo a aderezar y salpimentar en su caso las proteínas que vaya a preparar y a cortar o picar las diferentes verduras que servirán de base del guiso o acompañamiento del asado.

De esta manera voy combinando unos ingredientes con otros, según el plato de que se trate, a fuego lento, aspirando los aromas que se van entremezclando hasta alcanzar la mezcla adecuada. Voy probando con frecuencia lo que voy cocinando por si tengo que ajustar algún ingrediente o condimento. Cuando he finalizado el plato lo dejo reposar un buen rato para que los sabores acaben de integrarse completamente.

Cuando está listo, me gusta presentarlo como se merece antes de sacarlo a la mesa, puesto que una buena primera impresión, al igual que ocurre con las personas, suele ser importante para que la relación entre la comida y los comensales sea buena y fructífera.

En el momento final de la degustación de la comida preparada, primero doy gracias a Dios por esos alimentos que pone en mi mesa desde la tierra, el sol que la templa y la lluvia que la refresca para que germinen las semillas y den sus frutos que el hombre cosecha como alimento para su cuerpo. La gratitud es importante para preparar el cuerpo y la mente para una recepción sagrada del alimento que Dios pone sobre nuestra mesa.

Desde pequeño recuerdo una sencilla oración que rezábamos siempre antes de comer, bendiciendo los alimentos. Cuando terminábamos de comer, doy gracias a Dios por los alimentos recibidos. Es una costumbre que también he inculcado a mis hijos y creo que es muy buena forma de recibir los alimentos. Es importante hacerlo muy consciente de lo que se dice y no con prisas por comenzar a ingerir los alimentos cuanto antes. Respira profundamente, tomate tu tiempo y bendice la mesa y, de igual modo, da gracias cuando finalices. Amén.

A menudo comemos con prisa y hablando con los otros comensales y sin prestar mucha atención al alimento que ingerimos. Es importante comer despacio y aunque no sea durante toda la comida, pero de vez en cuando tratar de repasar con los cinco sentidos el bocado que vamos a ingerir. Repasar los colores, el aroma que te viene antes de introducirlo en la boca, la textura del alimento, el sonido que emite al ser masticado y la sensación al tragarlo.

Este ritual, que puede parecer un poco exagerado, al menos a mí me ayuda a disfrutar más del alimento y habitualmente me sienta bien lo que como, lo digiero mejor y me aporta la energía que necesito para vivir.

4- Pensamiento

El pensamiento es una herramienta o recurso muy útil y, de hecho, es lo que diferencia al hombre de los animales y lo que nos permite crear grandes civilizaciones y el progreso de la humanidad. No obstante, el cerebro humano, con más de cien mil millones de neuronas y sus correspondientes sinapsis o interconexiones neuronales, lo convierten en una potentísima máquina de la que apenas utilizamos un 10 % de forma consciente.

Pero como también se puede convertir en un arma bien afilada y peligrosa cuando no se sabe utilizar adecuadamente y pasamos de controlarla a ser controlados por ella. Es entonces cuando puede surgir la decadencia del ser humano, de la que tantos ejemplos hemos visto a lo largo de la historia, y que aún hoy sigue existiendo.

El pensamiento es un recurso que se debería enseñar a manejar desde bien pequeños en los colegios. Con ello no me refiero a dirigir el pensamiento hacia ninguna dirección particular, ni siquiera pretender eliminarlo o controlarlo, sino todo lo contrario.

Yo creo que el pensamiento es algo que sucede a pesar nuestro y, al igual que ocurre con la respiración, que ya comentamos anteriormente, aunque parezca que podemos controlarlo en momentos puntuales, lo cierto es que en cuando dejamos de prestarle atención, lo que sucede de forma natural, fluye como el viento. Influenciado por nuestras experiencias del pasado, ilusiones sobre el futuro e imaginativas interpretaciones sobre el presente.

Por tanto creo, según he podido comprobar en numerosas ocasiones, que el pensamiento no se puede eliminar por completo. Debemos aprender a utilizarlo cuando lo necesitemos para algún propósito particular y luego dejarlo que siga fluyendo, sin dejarnos arrastrar por él continuamente.

Una de las formas más utilizadas habitualmente para controlar el flujo del pensamiento continuo es la respiración completa. Contando respiraciones (1, inspiración, 2, expiración) de 1 a 10, y repitiendo este ciclo, veremos como el ritmo se ralentiza, la frecuencia cardiaca disminuye y llega un momento en que el flujo de pensamiento se calma. También se pueden utilizar mantras como OM o cualquier otro que nos haga sentirnos bien. Igualmente, podemos usar cualquier sentencia u oración que nos inspire y nos permita centrar la mente, tales como "gracias, Dios", "paz y amor", "yo soy uno con la vida"…

Cuando llevas un rato siguiendo la respiración, llega un momento en que puedes observar como el pensamiento se ha vuelto más lento. Sobre todo adquieres una nueva perspectiva que te permite observar el pensamiento como algo que sucede y se refleja sobre una pantalla mental, siendo tú el observador o espectador de esa pantalla, que sería la conciencia en la que todo sucede.

A partir de ese momento ya no sientes la necesidad de seguir el pensamiento, sencillamente lo observas, lo ves pasar, sin prestar demasiada atención a su contenido y dándote cuenta cómo cada vez se va volviendo más tenue.

La atención pasa del contenido (palabras, significado) al continente (flujo de energía). Observamos el pensamiento como trazos de pinceladas maestras sobre el lienzo de una conciencia en blanco.

Es como las nubes de tormenta que aparecen en el cielo, con formas a veces amenazadoras, pero que según van pasando, se van disolviendo, quedando una ligera neblina que finalmente es disuelta por la intensidad del Sol, que deja paso a un cielo azul limpio, tranquilo y silencioso que nos llena de paz.

Si lo practicas un poco, aunque solo sea diez minutos diarios, verás cómo con una simple respiración profunda consciente puedes controlar el flujo del pensamiento y tomar una cierta perspectiva que nos permite convertirnos en observadores del mismo.

De esta forma, el pensamiento se vuelve más lento y dócil. Sobre todo deja de arrastrarnos tras de sí, como dueño de nuestro ser. Nos convertimos en espectadores de la película de nuestro pensamiento y, por tanto, se minimiza o suaviza también cualquier posible efecto emocional que el mismo pueda ejercer sobre nosotros.

Por último, recordemos que el primer paso para utilizar un recurso tan potente y al mismo tiempo peligroso como es el pensamiento es aprender a controlarlo cuando consideramos que nos está empezando a controlar él a nosotros.

A partir de ahí, podremos utilizarlo con mucha mayor efectividad y creatividad. De hecho, las ideas más creativas y brillantes a menudo surgen de estados mentales tranquilos y silenciosos. El silencio es la auténtica fuente del pensamiento y de donde pueden surgir los pensamientos más beneficiosos para la humanidad. El silencio es el sonido de la palabra de Dios, es la base de todo, el origen, de donde todo procede. Mucho se ha escrito sobre el silencio y poco se ha practicado realmente.

Luego veremos algunos recursos que nos pueden ayudar a controlar el flujo de pensamientos como un observador de los mismos sin dejarnos arrastrar por ellos, como por ejemplo eliminar el significado. Esto es quitar las palabras y las letras, dejando solo el flujo de energía que lo mueve.

5- Sentimiento

Los sentimientos son una forma de energía más sutil que los pensamientos y están íntimamente relacionados con estos. Por ello, en la medida que seamos capaces de controlar el flujo de nuestros pensamientos, podremos contemplar nuestros sentimientos con mayor nitidez, sin vernos arrastrados por ellos. Esto no significa que nos volvamos insensibles a los mismos, sino que en la medida que consigamos relativizarlos, podremos entender mejor lo que nos quieren contar sobre nuestro corazón.

Los pensamientos, a menudo, son muy variables y se encuentran muy influenciados por nuestras experiencias físicas y mentales. En el caso de nuestros sentimientos, su naturaleza es más sutil y profunda y habitualmente nos indica un camino preciso a seguir.

Los pensamientos parecen surgir de la mente mientras que los sentimientos son una energía que parece tener su origen en el corazón.

Por eso es importante comenzar con el control de la respiración para apaciguar el organismo. El ritmo cardiaco se ralentiza, disminuye la presión arterial y sentimos la energía de cada parte de nuestro cuerpo unificada en una sola energía que nos lleva a un estado de paz y armonía.

En este estado tranquilo observamos nuestro ser como sucesos que pasan a través de una pantalla que ilumina la luz de nuestra conciencia y en la que se proyectan las sombras de nuestros pensamientos. En la medida que estos van pasando y pierden su intensidad, surgen los sentimientos como forma de energía más sutil que parece cubrir toda la pantalla, pero que según son observados desde la luz de nuestra conciencia tranquila se van transformando en una energía única y uniforme. Cada vez cuesta más diferenciar unos de otros y parece que se van unificando en un único sentimiento profundo de paz y bienestar.

La descripción que acabo de hacer es lo más próximo a la experiencia que he tenido en numerosas ocasiones. Tratar de explicarlo con palabras, que siempre resultan tremendamente limitantes para transmitir unas sensaciones que se encuentran más allá de lo que el vocabulario disponible nos permite, es muy difícil.

Si observar los pensamientos resulta fundamental para poder controlar la intensidad de su flujo, en el caso de los sentimientos es aún más importante. Debemos ser capaces de sentirlos con la mayor sinceridad posible. Sin tratar de evitarlos, diluirlos o intensificarlos, deja que se expresen con la intensidad que requieran. A menudo, la intensidad de los mismos es una señal de la necesidad que tenemos de prestarles atención. Y en esa medida se comenzarán a suavizar y transformar en sentimientos más universales de paz, amor, gratitud y felicidad.

Siempre debemos tener en cuenta que tanto los pensamientos como los sentimientos no son más que diferentes formas de energía, cuyo principio y fin se encuentra en nuestro propio ser. Por tanto, es nuestro propio ser o conciencia donde nacen y mueren, siendo nosotros mismos los responsables últimos de su existencia, como creadores inconscientes de la realidad que representan.

Podrías pensar que esto queda muy bonito, pero que cuando uno se encuentra inmerso en una tormenta de pensamientos y sentimientos incontrolables, es difícil dominarlos. Efectivamente, así es, y no digo que uno pueda controlarlos de la noche a la mañana, pero la práctica habitual de sencillos ejercicios de respiración diarios, como comentamos anteriormente, es un buen comienzo y, cuando te quieras dar cuenta, de repente un día te encontrarás observando tus pensamientos o sentimientos, en vez de estar luchando contra ellos.

A veces me sirve de ayuda para salir de la inercia que se genera con la energía de los pensamientos y sentimientos, sobre todo, pensar en mí como si fuera el agua de un gran océano. Cuando hay una fuerte tempestad, en la superficie se rizan las olas, dejándola llena de borreguitos, como les llaman en zonas costeras, que podrían ser los pensamientos. Producen más o menos espuma, según la intensidad de las olas y el viento, pero enseguida desaparecen y vuelven a ser simple agua. Por su parte también se producen mareas y olas de gran tamaño, que arrastran todo a su paso, pero que al igual que los rizos, aunque tienen más inercia, terminan por diluirse en el agua del gran océano.

Como decía antes, nosotros somos el agua del océano. Todo nace del agua y vuelve al agua. Incluso la ola más alta y la espuma más abundante son agua que nacen del mar y vuelven al mar.

Así, en la conciencia profunda de nuestra verdadera esencia, en el agua podremos profundizar y sumergirnos en lo más profundo del océano, desde donde podremos observar cómo se mueven las olas y como bailan en la superficie, dejando graciosas estelas de espuma animadas por la fuerza del viento y movidas por las corrientes marinas. Y desde ahí disfruta de la paz, del silencio que nos rodea y con la felicidad que nos proporciona semejante espectáculo.

6-   Meditación

El ejercicio físico se considera un hábito saludable y necesario para mantener un buen estado de salud hoy y en el futuro. Por ello, cada vez está más aceptado por la sociedad, existe la necesidad de hacer al menos 3 o 4 veces por semana una media de 30 minutos de ejercicio intenso para mantener un cuerpo sano y fuerte.

La alimentación saludable, como la dieta mediterránea, es otro hábito necesario para mantener buena salud. Como bien se dice, somos lo que comemos y, efectivamente, así es. Nuestras células se reproducen continuamente y con ello van moldeando nuestro organismo, en función de la materia prima de que disponen, que no es otra que el alimento que tomamos, así como los pensamientos y sentimientos que percibimos.

En este sentido, es importante cuidar el impacto que producen en nuestra mente los pensamientos y sentimientos que pasan por nosotros y que pueden generar estados de paz o ansiedad, según como sean percibidos.

La meditación es otra herramienta muy útil y necesaria para mantener una buena salud mental y física, que cada vez se está estableciendo con más fuerza entre la comunidad científica. Así como hace muchos años la meditación se consideraba como una práctica de origen oriental y carácter religioso, muy vinculada al budismo y otras religiones o filosofías de esas culturas asiáticas, hoy en día es una práctica muy asentada en la cultura occidental.

La meditación se practica hoy en día en cualquier entorno social, en gimnasios, convenciones de negocio de grandes empresas, entornos familiares… Con el tiempo se ha ido normalizando cada vez más como una forma de relacionarnos con nosotros mismos y con Dios, según la creencia de cada uno mediante el recogimiento y la introspección. Según el entorno cultural en el que nos encontremos también se la llama oración, contemplación…

Esta técnica es muy sencilla de practicar, nos ayuda a conocernos mejor a nosotros mismos, calmar nuestra mente y encontrar un profundo estado de paz y felicidad que forma parte de nuestra esencia fundamental.

La sencillez de la práctica de la meditación radica en que su origen y final somos nosotros mismos. Por lo tanto, solo tenemos que centrar nuestra atención en nuestro propio cuerpo y sus funciones, como la respiración, y los cinco sentidos a través de los que percibimos nuestro propio cuerpo así como el mundo que nos rodea.

La única dificultad que aducen los practicantes es la continua distracción de la mente y, efectivamente, puede resultar un inconveniente, en la medida que le demos voz y significado a los movimientos que parece generar en nuestra cabeza.

Un pequeño truco, que a mí a veces me da buenos resultados para calmar la mente, es restar las palabras a los pensamientos. Cuando le quitas las palabras, con todas sus letras, se convierte en un flujo de energía, como si fuera una brisa marina que sentimos con más o menos intensidad, pero que no significa nada. Al carecer de significado, es mucho más fácil de manejar. Entonces la dejamos fluir junto con el flujo de la respiración y la energía corporal. De esta forma se va unificando con este flujo, diluyéndose en el mismo, como las olas en el agua del inmenso océano de conciencia en el que permanecemos en quietud y paz.

Como hemos comentado anteriormente, no voy a entrar en las diferentes técnicas de práctica de la meditación que hay, para ello se puede recurrir a una amplia bibliografía, donde se podrá encontrar suficiente información para la práctica de la misma.

Como habréis observado, las diferentes herramientas que hemos ido comentando todas ellas tienen un punto en común, que es de dónde partimos y dónde debemos permanecer para alcanzar la paz y felicidad interior que buscamos. Este es un camino sin retorno y sin final, pues la vida es precisamente el camino que recorremos y cómo lo hacemos es lo que definirá la calidad del viaje de cada existencia.

La meditación sería una práctica en la que reunimos todas las anteriores herramientas en un solo momento de atención plena, en el que aprendemos y ponemos en práctica lo aprendido en el camino.

Medita todos los días al menos 10, además de los momentos de atención plena que puedas practicar mientras desarrollas tus tareas cotidianas y verás como cambia tu mente y, como consecuencia, tu vida. Vivirás más en paz contigo mismo y con el mundo y por complicadas que puedan resultar algunas circunstancias de la vida, serás capaz de percibirlas y gestionarlas con sabiduría y amor.

Es importante no desesperarse en el arte de la meditación, considerarlo como un ejercicio mental de forma que al igual que cuando estamos entrenando el cuerpo y cuando más sufrimos, más estamos fortaleciendo nuestros músculos y órganos internos.

En el caso de la meditación sucede algo parecido. Cuantas más veces tengamos que luchar contra las distracciones de la mente y volver de nuevo a la atención a la respiración o sensación corporal que hayamos fijado como punto de atención, mejor estaremos entrenando nuestra mente para que se vuelva disciplinada y se fortalezca, al igual que el cuerpo.

Llegará un momento en el cual, en cuestión de segundos, en lo que dura una respiración profunda, podremos alcanzar niveles verdaderamente profundos de atención plena en nuestra conciencia de ser. Una vez que comienzas a practicar la meditación, esta formará parte de tu vida y aunque no la practiques siempre estará presente y esperándote para conectarte con tu verdadero ser con tu naturaleza divina, con Dios.

7-   Contemplación

Cuando hemos practicado la meditación de forma más o menos recurrente, por ejemplo 10 minutos diarios, nos resultará sencillo, con dos o tres respiraciones profundas conscientes, mantener nuestra atención presente en nuestro cuerpo y, a partir de ahí, dejarnos llevar hacia un estado de ser consciente en el que nos encontramos tranquilos y en paz.

La contemplación sería un paso más hacia la introspección en nosotros mismos, en vez de mantener nuestra atención consciente en algo con objeto de mantener la mente centrada y evitar su dispersión. En la contemplación somos conscientes de nuestra dimensión más profunda, el ser sagrado que todos somos en esencia, pero que habitualmente no somos capaces de ver por las distracciones continuas de la mente a través del ego, los miedos, deseos, rencores…

Este estado de conciencia te permite permanecer en el mundo corriente, sin necesidad de adoptar ninguna postura especial y ni siquiera estar en un entorno silencioso y apacible. Estar en el mundo sin ser de él.

A mí, por ejemplo, me sirve de gran inspiración la contemplación de las personas y niños mientras juegan o pasean por un parque, así como mirar el mar, contemplar una flor y como una abeja se posa y recoge su polen, animales jugando o cualquier otra escena de la vida corriente.

A veces, cuanto más sencilla sea la actividad que contemplas, más fácilmente puedes entrar en ese estado contemplativo que nos hace perder la noción del tiempo y sumergirnos en una realidad que se encuentra más allá del mundo aparente y distorsionado por una mente activa.

La psicología de la felicidad cada vez está más de moda en las sociedades desarrolladas. Es curioso que cuanto mayor bienestar y riqueza acumula la sociedad, más insatisfecha se encuentra esta y mayor consumo de antidepresivos y ansiolíticos se produce.

Como dice el dicho "el diablo (la mente, el ego) cuando se aburre, mata moscas con el rabo". Esto significa que cuando no tienes una mente disciplinada, esta revolotea continuamente buscando alimento en forma de distracción, lo que sea con tal de no centrarse en sí misma y darse cuenta de que en verdad no tiene una identidad propia más allá de los propios pensamientos que revolotean.

Esto me recuerda a la similitud con el mar, con sus formaciones de olas que desaparecen en el agua. O a las bonitas figuras que forman en el cielo los estorninos, que cambian continuamente y, de repente, desaparecen dispersándose en el la inmensidad del aire.

Según algunos estudios de la prestigiosa universidad americana de Harvard sobre la psicología de la felicidad, aparte de las recomendaciones habituales como dormir ocho horas, hacer ejercicio, meditar, socializar… se ha descubierto una nueva terapia que parece que sirve de gran ayuda para mitigar cuadros de ansiedad o tristeza.

Curiosamente se trata de actividades cotidianas que practicamos de forma habitual con la intención de alcanzar un objetivo, pero que en sí mismas nos proporcionan un objeto de atención a la mente agitada, que consigue aquietarla y entrar en un estado de quietud que proporciona tranquilidad y paz mental.

Estas actividades son tan sencillas como coser, barrer, fregar, cocinar, limpiar, reparar algo estropeado… Como ya hemos comentado, cuanto más sencilla sea la actividad desarrollada, más efectivo será el efecto terapéutico que produce sobre la mente.

El motivo es sencillo. La cuestión es mantener la mente centrada en una actividad en que no se tenga que pensar demasiado, que sea algo mecánico, que la mantenga atenta suficientemente para no dispersarse en otros pensamientos, pero que al mismo tiempo no requiera de un proceso de pensamiento demasiado activo que pueda generar estrés ante la búsqueda de soluciones complejas.

La psicología oriental es consciente de esta realidad desde hace miles de años. Una práctica habitual en las sociedades orientales es precisamente la acción consciente de cada tarea que desempeñan y, por eso, observamos en sus resultados una gran armonía y precisión.

Estas prácticas, que en las sociedades occidentales recientemente las han bautizado como *mindfulness* o mente plena, es una forma de vivir ancestral en las sociedades orientales mucho más desarrolladas espiritualmente y con mayor antigüedad en sus culturas filosóficas y religiosas que la sociedad occidental.

CAMINANDO POR LA VIDA

La vida es un camino, con un principio y un fin, durante el cual nos suceden todo tipo de experiencias bajo unas circunstancias que van variando en función de cómo reaccionamos a dichas experiencias. La forma en que reaccionamos depende en buena parte de nuestra percepción mental de los sucesos que experimentamos, que a su vez dependerá del estado mental en el que nos encontremos. Este estado mental es el que debemos entrenar para estar bajo nuestro control y no dejarnos llevar por los pensamientos surgidos de forma aleatoria.

Este libro, novela, manual, ensayo, biografía, o como queramos llamarlo, ya que tiene un poco de todo, solo pretende compartir algunas ideas y recomendaciones, que me han surgido a lo largo de mi vida y que he sentido la necesidad de compartirlas con el mundo a raíz de mi experiencia como peregrino en el Camino de Santiago.

Como ya he comentado en otros apartados del presente libro, el Camino de Santiago es una experiencia personal, más allá del atractivo turístico y masificación que ha experimentado los últimos años. Aunque se ha cogestionado por verdaderas multitudes de personas, hecho este que no es malo si no fuera por los continuos intentos de explotación comercial que ha sufrido. Esto ha provocado que incluso su trayecto se haya visto alterado de su ruta original, en ocasiones, con objeto de hacerlo pasar por algunas poblaciones y favorecer la afluencia de turismo a las mismas.

A pesar de ello, como yo lo veo y para quien de verdad quiera experimentar un auténtico viaje interior, sería irrelevante su recorrido, así como la afluencia de público que encontremos. El viaje interior, como su nombre indica, es un viaje al fondo de nuestra alma, en base a la contemplación de la realidad que nos rodea. Es por eso que dependerá más de nosotros que de las circunstancias externas la forma de percibir nuestro entorno, saber separar las ilusiones del mundo real y dejarnos fluir de forma natural en nuestras reacciones ante la realidad que experimentamos.

El título de este libro, *Buen Camino*, para mí es un excelente resumen del contenido del mismo. Comenzando por una experiencia real del Camino de Santiago desde un punto de vista personal, pero tratando de hacer una descripción más sensitiva y emocional que mental. Con ello he intentado llegar a profundizar lo más posible en la experiencia interna del mismo, para intentar extraer una vivencia real, lo menos contaminada posible por los pensamientos que inevitablemente cruzan nuestra mente en cada momento.

Esta experiencia me llevó a recapacitar sobre lo que significó para mí y qué enseñanza podía extraer de dicha experiencia. Y me di cuenta de que el camino en sí mismo no me supuso más que una serie de experiencias sensitivas y emocionales intensas, además de un considerable esfuerzo físico. La mayor influencia que ejerció sobre mí hacer el camino fue que ejerció como un desencadenante para darme cuenta de que la vida en verdad es un camino, similar al que puede ser el Camino de Santiago y, visto desde esta perspectiva, comencé a descubrir algunas de las valiosas lecciones que nos deja para la vida.

Y es por ello que al cabo ya de dos años desde que lo hice, he sentido la necesidad de plasmar dicha experiencia en un pequeño libro que me ha servido para recopilar y ordenar dichas experiencias y lecciones aprendidas o descubiertas gracias al camino, ya que todo conocimiento siempre está en nosotros esperando a ser descubierto o recordado.

Como conclusión solo me queda decir algo que resumen bien este libro y mi deseo para el mundo "Buen Camino".

Índice:

Prefacio	»	9
Una llamada	»	13
Anuncio del camino	»	19
Concienciación	»	25
Contacto peregrino	»	31
Rutinas del camino	»	37
Comienza el camino	»	41
Luna de sangre y fuego	»	55
Sueño entre el mar y la montaña	»	65
Quietud bajo un manto estrellado	»	77
La noche que precede al día	»	93
Último día del camino	»	113
Camino de vuelta a casa	»	127
Encuentro en la playa	»	133
Primeras reflexiones	»	137
En casa con Dios y Dios en casa de todos	»	141
Mochila para un buen camino	»	143
Caminando por la vida	»	169

Abajo, centro: Alfonso II, el primer peregrino de la historia

Cartel indicador de destinos de peregrinación situado junto a la
iglesia evangélica luterana de *St.* Jacobi en **Hamburgo**

Libros Mablaz

Narrativa — Relatos

/www.librosmablaz.com/